中文社会科学引文索引（CSSCI）来源集刊
上海交通大学中国公益发展研究院
上海交通大学第三部门研究中心

中国第三部门研究

徐家良／主编

CHINA
THIRD SECTOR
RESEARCH

第 14 卷

Vol. 14

社会科学文献出版社
SOCIAL SCIENCES ACADEMIC PRESS (CHINA)

本卷得到爱德基金会的赞助和上海爱德公益研究中心的协助

编委会名单

主　　任　钟　杨
副 主 任　徐家良

编　　委（按首字母顺序排列）
陈锦棠　香港理工大学
陈　宪　上海交通大学
程　玉　南都公益基金会
David Horton Smith　美国波士顿学院
丁元竹　国家行政学院
Dwight F. Burlingame　美国印第安纳大学
高丙中　北京大学
官有垣　台湾中正大学
顾东辉　复旦大学
郭　超　美国宾夕法尼亚大学
黄浩明　深圳国际公益学院
江明修　台湾政治大学
金锦萍　北京大学
敬乂嘉　复旦大学
Jude Howell　英国伦敦政治经济学院
康晓光　中国人民大学
李景鹏　北京大学

刘世定　北京大学
刘玉照　上海大学
刘洲鸿　林文镜慈善基金会
卢汉龙　上海市社会科学院
马庆钰　国家行政学院
彭　勃　上海交通大学
丘仲辉　爱德基金会
师曾志　北京大学
唐兴霖　西南财经大学
王　名　清华大学
王丽丽　美国亚利桑那州立大学
王行最　中国扶贫基金会
王振耀　北京师范大学
吴玉章　中国社会科学院
徐家良　上海交通大学
袁瑞军　北京大学
郁建兴　浙江大学
翟　新　上海交通大学
赵国杰　天津大学
钟　杨　上海交通大学

编辑部

主　任　徐家良
责任编辑　卢永彬　陈　阵　吴　磊　邰鹏峰
　　　　　汪锦军　赵　挺　许　源　薛美琴
编辑助理　程坤鹏　梁家恩

主编的话

2017年下半年，上海交通大学中国公益发展研究院和第三部门研究中心在举办和参加学术会议、智库建设、科研和社会服务方面做了不少工作，成为上海市社会团体管理局授予的"上海公益基地"。通过梳理，中国公益发展研究院和第三部门研究中心做了如下十件事，国内外的影响力也在扩大。

第一件事，签订基地合作协议。6月10日，国家社会组织管理局社会组织与社会建设上海交通大学研究基地与民政部东北大学城乡社区建设研究院签署合作备忘录。签署仪式后，东北大学原副校长、教育部高等学校公共管理类学科专业教学指导委员会主任委员娄成武教授与东北大学文法学院党委书记、城乡社区建设研究院院长张雷教授分别做了题为"中国特色社区治理"和"社区治理视域下的农村社区建设"的讲座。

第二件事，举办慈善法、社区基金会和基金会秘书长培训班。6月15～17日，中国公益发展研究院与中国社会组织促进会、中国关心下一代健康体育基金会联合举办慈善法学习与社会组织能力建设研讨班。这一研讨班是民政部全国社会组织培训教育基地（上海交通大学）授牌、中国公益发展研究院成立后的第一次较大规模的社会组织从业人员培训，旨在提升社会组织能力，积极发挥慈善组织作用，促进依法治善和依法促善，对助力中国慈善事业可持续发展具有重要意义。全国人民代表大会常务委员会法制工作委员会原副主任阚珂、民政部民间组织服务中心党委书记刘忠祥、北京师范大学王振耀教授、国家行政学院马庆钰教授、北京大学金锦萍教授和我从慈善法的制定与实施、社会组织党建、世界公益发展趋势、社会组织走出去、慈善信托与社会组织税收制度和社会组织可持续发展等方面做了精彩授课。8月30～31日，中国公益发展研究院与上海市社会团体管理局、上海交通大学教育发展基金会联合举办了社区基金会负责人训练营，全市90多名街镇分管领导以及100余名社区基金会秘书长参加。这是2017年中央财政支持社会组织示范项目，是上海市基金会秘书长政策法规学习与能力建设培训项目的一部分。9月19～20日，中国公益发展研究院与上海市社会团体管理局、上海交通大学教育发展基金会联合举办了基金会秘书长政策实务研讨班，这是上海市基金会秘书长政策法规学习与能力建设培训项目的一部分，全市400余名基金会秘书长参加了此次能力建设的培训班。

第三件事，合作举办研讨会。6月22日，中国公益发展研究院与上海科学技术开发交流中心联合举办社会组织创新治理与融合发展研讨会。这次研讨会以创新社会治理体制，推动行业协会、商会与行政机关脱钩，加快上海科创中心建设为背景，旨在促进科技类社会组织进一步发展，提升行业协会、商会能力，积极发挥社会组织作用，对助力中国社会治理体制创新和可持续发展具有重要意义。

第四件事，参加国际会议。6月25日至7月1日，第八届联合国劳工组织社会经济论坛和亚洲政策对话在韩国首尔召开，我应会议主办方邀请参加，并在会上做了中国社会经济的法律框架与政府购买服务的报告。7月3～7日，我应邀参加在巴勒斯坦拉马拉召开的国际行政院校联合会2017年年会，就非营利组织治理中不同层级领导力的关键因素分析做了发言。去巴勒斯坦开会，签证几近周折，在几乎放弃希望的最后一天终于盼来了意想不到的希伯来大学的邀请信和以色列的签证，终于实现了多年想访问巴勒斯坦和以色列的梦想。尽管多费了点时间、精力和人际关系，但是不懈坚持精神还是非常重要的。

第五件事，获批上海公益基地。8月30日，上海市社会团体管理局授予中国公益发展研究院为"上海公益基地"。上海民政局已经启动万家公益基地建设，将于2020年前建成至少万家公益基地，全面建设"公益之城"。上海交通大学是全国性重点高校，它身在上海，也要服务上海，与上海市政府建立密切的合作关系。上海市民政局透露，全市已有公益基地600多家。所有的公益基地将实现互联互通、资源共享。

第六件事，给年轻学生授课。7月10日，我应华东师范大学紫江公益慈善中心邀请，给学生讲授了一个月的暑期课程——"非营利组织管理概论"，传播非营利组织理论知识，扩大非营利组织在青年学生中的影响力。

第七件事，围绕课题召开座谈会和结项会。7月25日，召开了上海市康复辅具行业统计指标体系研究课题座谈会；9月29日，上海民政局委托上海交通大学中国公益发展研究院承接的"慈善信托在上海的实践与发展"课题结项评审会召开，评审组肯定了课题的选题价值。该课题收集了丰富的研究资料，对国内外慈善信托发展历程、经验教训和典范个案，尤其是上海市慈善信托的备案与运作情况进行了系统研究，并针对其中存在的主要问题提出了有效的对策建议。

第八件事，继续举办双周论坛。6月2日，邀请美国波士顿学院的David Horton Smith教授做了题为"志愿行动理论"的讲座。6月13日，邀请四川海惠助贫服务中心主任陈太勇、深圳社会组织研究院执行院长饶锦兴分别做了题为"项目运作与社区发展"和"社区基金会比较分析"的讲座。

第九件事，做学术报告和出席相关活动。7月23日，在上海公益新天地参加公益之星评审，对公益项目、公益机构和公益故事评选出十佳。7月26~28日，我应南京大学河仁社会慈善学院邀请参加"2017年度河仁公益慈善高峰论坛"，发表了题为"国家治理体系与社区基金会运行机制创新"的演讲，围绕全面深化改革与国家治理体系建设、社区基金会运行关键要素、社区基金会的价值三个方面进行了分享和交流；7月31日，在交大给新疆乌鲁木齐市妇联做了题为"枢纽型群团组织改革创新"的讲座；8月13日，在青岛参加中华亲情树论坛，我做了题为"三种慈善形态与中国公益发展趋势"的报告；8月14～15日，我参加中国慈善联合会、敦和慈善基金会在北京举办的首届"竹林论坛"，有近30名获得"竹林计划"奖励或资助的青年学者参会。我应邀出席此次论坛，就我国慈善政策发展趋势做报告；8月22日，参加无锡新吴区社工协会成立三周年庆典，做了题为"政府购买服务与社会组织发展"的报告；8月23日，在交大给浙江桐乡局级干部做了题为"社会治理现代化与民间机构发展"的报告；8月26日，在广州善知学园做了题为"慈善法与社会组织健康发展"的讲座；9月1日，在上海松江区民政局做了题为"慈善超市规范化"的报告；9月5日，在杭州参加中国慈善文化论坛暨第四届西湖论坛，我做了题为"跨界创新的形与质：以慈善超市为例"的发言；9月7日，参加上海金山区社会建设项目评审会；9月13日，在浙江长兴给浙江省社会组织培训班做了题为"理顺政社关系，推动社会组织有序发展"的讲座；9月22日，赴杭州参加民政部举办的三社联动研讨会；9月24日，在深圳参加第六届中国公益慈善项目大赛并担任评委；9月27日，在中山大学参加由亚洲开发银行举办的政府购买社会组织社会救助服务研讨会，我做了题为"政府购买服务的类型与特点"的发言；10月11日，在上海民政局参加"社会组织参与社会治理评价模型"课题研讨会；10月14日，在复旦大学给MPA学员做了题为"社会组织发展与现代管理体制构建"的讲座。

第十件事，在报纸杂志上发表一些文章。这一年，除在《华南师范大学学报》《社会科学辑刊》《经济社会体制比较》等学术刊物上发表学术论文外，还在相关的报纸杂志上发表文章并接受记者采访。如《人民日报》《光明日报》《人民论坛》《文汇报》《中国社会报》《中国周刊》《南方周末》等发表文章，接受了《中国青年报》记者的采访。尤其是6月5日《光明日报》发表我写的《社会智库如何做好自身建设》的文章，6月18日《人民日报》发表的《规范和引导社会智库健康发展》的文章，都有一定的社会影响。

中国公益发展研究院和第三部门研究中心在资政建言方面继续发挥积极作用。除继续向民政部等中央有关部委撰写成果要报外，还向上海市委、市政府递交报告，有关社区基金会的政策建议得到了上海市委领导的批示。

通过梳理2017年下半年的工作，研究院和中心做了不少事，在国内外继续发挥积极作用。

本卷的论文，共有5篇。第一篇是由中南财经政法大学公共管理学院张远凤教授与研究生张慧峰合写的论文，题目是《从国际比较看中国非营利部门的发展水平》。1993年以来，霍普金斯大学非营利部门国际比较项目先后对40多个国家进行了比较研究，试图描绘出"全球公民社会"的图景，但这一图景不包括中国。本论文将中国非营利部门纳入这幅图景之中，其研究对象分为发达国家、发展中国家和转型国家三种类型，从非营利部门对就业和GDP的贡献、收入来源结构和主要活动领域等角度，对中国与这三类国家进行了比较。

第二篇论文由中国矿业大学公共管理学院讲师刘蕾、中国矿业大学公共管理学院研究人员陈绅所写，题目为《社会影响力投资——一种社会创新的工具》。论文认为，社会影响力投资方面中国要发挥作用，就需要政府运用政策模型，引导市场思维范式的转变，共建良好的生态系统，完善嵌入式评估机制。

第三篇论文为中央民族大学管理学院副教授李健和学生郭静远所写，题目为《公平贸易社会企业：发展历程、多元特征与治理逻辑》。文章认为，公平贸易社会企业不仅仅构成社会企业的重要组织类型，更在整个公平贸易体系中居于核心位置。本论文通过回溯公平贸易发展的"四次浪潮"，界定公平贸易社会企业的概念内涵，并从经济、社会和政治三个维度探讨了公平贸易社会企业的多元特征及相应的治理逻辑。

第四篇论文由中山大学社会学与人类学学院副研究员杨永娇和硕士生张蕴洁所写，题目为《中国慈善超市的社区嵌入式发展路径探析》。针对慈善超市的发展困境，基于中西方慈善超市在社区结构嵌入、认知嵌入和文化嵌入方面的经验，本论文认为本土化的社区嵌入型慈善超市发展可从环境嵌入性、组织间嵌入性和双边嵌入性进行探索，进而推动慈善超市发挥社区建构功能。

第五篇论文由上海师范大学哲学与法政学院讲师张振洋和上海财经大学法学院博士胡振吉所写，题目为《项目制创新模式：合作治理的实现载体——基于上海市公共服务项目的研究》。文章从政社合作视角，以上海的项目制创新实践为案例，考察了中国城市社区的项目制创新模式，提出了定向型项目、开放式项目、微缩版项目和共享型项目四种项目制创新模式，总结了三大核心机制：分解、精细化和双向合作。项目制可以成为推进政府与社会合作治理的平台，其关键在于如何实现制度化。

在以上五篇论文的基础上，还有书评、机构访谈、人物访谈和域外见闻。

"书评"栏目由华南理工大学公共管理学院副教授叶托和硕士生周婷所写，题目为《慈善新前沿的雏形与未来——评〈撬动公益：慈善和社会投资新前沿导论〉》，主要是对《撬动公益：慈善和社会投资新前沿导论》（*Leverage for Good*: *An Introduction to the New Frontiers of Philanthropy and Social Investment*）一书的评述。美国霍布金斯大学莱斯特·M. 萨拉蒙教授2014年在牛津大学出版社组织出版了这本书。在本书中，萨拉蒙讨论了市场与非营利部门的关系，提出了"慈善新前沿"这一新术语，用来描绘市场与非营利部门合作而产生的新变化，他从七个方面对慈善新前沿和传统慈善做了区分，认为慈善新前沿的核心要义是撬动私人资源服务于社会和环境目标。为了展示慈善新前沿，萨拉蒙从描述性任务、分析性任务、规范性任务、规定性任务四个方面做了介绍。萨拉蒙最大的贡献在于发现这场慈善革命的深层次原理是"杠杆"（leverage），系统地展示了慈善新前沿是如何运用金融杠杆撬动公益的，从而催生了一个复杂的社会目标金融生态系统。慈善新前沿涌现了一大批新型行动主体：社会影响力投资组织、社会影响力投资支持组织和新型拨款组织。萨拉蒙强调，慈善新前沿的革命性体现在两个方面：履行慈善职责的新主体不断涌现、达成慈善目标的新工具层出不穷。从本书和其他书中，人们可以发现萨拉蒙教授有非常敏锐的学术眼光，对世界发生的新变化及时进行了梳理和分析。

"访谈录"栏目中的"机构访谈"介绍了两个机构。第一个机构是绿色江南公众环境关注中心。该中心是一家2012年3月在苏州注册的民办非企业单位，机构以监督工业污染源排放、开展企业环境责任研究为重点，推动华东地区企业绿色生产，促进企业实现清洁生产，以监督企业污染排放、保护太湖流域水资源为使命。同时，绿色江南与其他环保机构一起共同发布多个环境调研报告，为中国环境事业可持续发展发挥了积极作用。第二个机构是成都爱有戏社区文化发展中心。这个机构成立于2009年，它以协力构建更具幸福感的社区为使命，让居民在参与中传播社区文化、凝聚社区精神，从而促进社区的可持续发展，培育社区资本，推动社区发展。这个机构的发展，与创始人刘飞的个人经历与事业心有密切关系。

"访谈录"栏目中的"人物访谈"介绍了中山大学岭南（大学）学院国际龙舟会召集人刘超常，他带领团队解决了训练场地、训练设施、队伍结构优化等基础性问题，为队伍的长远正规化发展奠定了扎实的基础。

"域外见闻"栏目介绍了美国公共服务外包风险管理的经验与启示。风险管理是公共服务外包流程中的关键环节，以美国公共服务外包为介绍范围，回顾美国公共服务外包的历史演进历程，总结公共服务外包中风险管理的主要经验，得出有益于中国推进政府购买公共服务风险防范的相关启示。

上海交通大学文科建设处吴建南处长、上海交通大学国际与公共事务学院院长钟杨教授、党委书记曹友谊等领导对中国公益发展研究院和《中国第三部门研究》提供了诸多便利。感谢爱德基金会、上海爱德公益研究中心的热心支持。爱德基金会秘书长丘仲辉、上海社会科学院社会学研究所原所长卢汉龙教授对我们关爱有加。与前几期不同的是，本期开始，没有约稿，全部稿件来自作者自愿投稿，这说明《中国第三部门研究》越来越得到学术界的关注。

特别感谢社会科学文献出版社谢寿光社长、杨群总编辑的关心和杨桂凤编辑的认真负责！

为了提高服务的水平，确保论文质量，我们成立了编辑部。《中国第三部门研究》将努力为国内外第三部门学术界、实务界和管理机构提供一个信息交流与平等对话的平台，倡导有自身特色的学术规范，发表创新性的论文，不懈追求对理论的新贡献。我们共行，我们一同成长！

徐家良

2017 年 10 月 15 日

内容提要

《中国第三部门研究》是第三部门研究的中文社会科学引文索引（CSSCI）来源集刊，主要发表国家与社会关系、第三部门与地方治理、社会建设与社会转型、慈善公益、志愿服务和公民参与等方面研究的论文，本卷收录主题论文5篇、书评1篇、访谈录3篇、域外见闻1篇。主题论文涉及从国际比较看中国社会组织的发展水平、社会影响力投资、公平贸易社会企业的发展与治理逻辑、中国慈善超市的社区嵌入式发展路径、项目制创新模式；书评对美国学者莱斯特·M.萨拉蒙教授2014年出版的《撬动公益：慈善和社会投资新前沿导论》（*Leverage for Good: An Introduction to the New Frontiers of Philanthropy and Social Investment*）一书进行了评述；访谈录介绍了绿色江南公众环境关注中心、成都爱有戏社区文化发展中心、岭南（大学）学院国际龙舟会；域外见闻介绍了美国公共服务外包风险管理的经验与启示。

中篇多人

目 录

主题论文

从国际比较看中国非营利部门的发展水平 ……… 张远凤　张慧峰／3

社会影响力投资
　　——一种社会创新的工具 ………………… 刘　蕾　陈　绅／21

公平贸易社会企业：发展历程、多元特征与
　　治理逻辑 ……………………………… 李　健　郭静远／42

中国慈善超市的社区嵌入式发展路径探析 ……… 杨永娇　张蕴洁／60

项目制创新模式：合作治理的实现载体
　　——基于上海市公共服务项目的研究 ………… 张振洋　胡振吉／85

书 评

慈善新前沿的雏形与未来
　　——评《撬动公益：慈善和社会投资新前沿导论》
　　……………………………………………… 叶　托　周　婷／117

访谈录

绿水青山就是金山银山：环保 NGO 的成长和治理
　　——专访绿色江南公众环境关注中心主任方应君
　　　　　　　　　　　　　　　　　　　　　马超峰　薛美琴 / 133

培育在地文化，助力社区发展
　　——专访成都爱有戏社区文化发展中心创始人刘飞 ……… 梁家恩 / 144

如何让梦想传承下来？
　　——访岭南（大学）学院国际龙舟会原中方召集人刘超常
　　　　　　　　　　　　　　　　　　　　　　　　　万　方 / 155

域外见闻

美国公共服务外包风险管理的经验与启示 ……………… 吴　磊 / 163

稿约及体例 ……………………………………………………… / 175
致　谢 …………………………………………………………… / 179
Table of Contents & Abstracts …………………………………… / 180

主题论文
ARTICLES

PART X

从国际比较看中国非营利部门的发展水平[*]

张远凤　张慧峰[**]

摘　要：20世纪70年代以来，非营利组织在全球兴起，在发达国家已经形成了非营利部门。然而，与人们对政府和市场的认知度相比，非营利部门在大多数国家仍然隐而未见。1993年以来，萨拉蒙领导的霍普金斯大学非营利部门国际比较项目（ICNP）先后对40多个国家进行了比较研究，试图描绘出所谓"全球公民社会"的图景。这幅图景中并没有中国非营利部门的身影。本文试图将中国非营利部门纳入这幅图景之中。本文将该项目的研究对象分为发达国家、发展中国家和转型国家三种类型，从非营利部门对就业和GDP的贡献、收入来源结构和主要活动领域等角度将我国与这三类国家进行了比较。本文最后尝试对此做出解释。

---

[*] 本文为国家社会科学基金项目"政府向社会组织购买服务制度构建研究"（项目编号：14BZZ069）的成果。

[**] 张远凤，中南财经政法大学公共管理学院教授，城乡社区社会管理协同创新中心、地方政府研究中心研究员，研究领域为社会组织和公共服务，Email：pheonixzhang@126.com。张慧峰，中南财经政法大学公共管理学院研究生。

关键词： 非营利部门　社会组织　国际比较研究

一　问题的提出

尽管人类从事结社和慈善活动的历史源远流长，但在漫长的岁月里，商会就是商会，教会就是教会，医院就是医院，学校就是学校，孤儿院就是孤儿院，诸如此类，不胜枚举。人类历史进入现代社会之后的大部分时间里，社会和政治话语也是由"两部门模式"支配的，即认为在家庭单元之外，只存在市场和国家（萨拉蒙等，2007）。20世纪50年代之前，没有人谈及"非营利组织"或"非营利部门"。后来人们根据社会发展的需要才认识到"非营利组织"的价值与地位。现在，非营利部门已经成为美国社会不可或缺的社会力量（Drucker，1990）。

非营利组织的兴起不是美国特有的现象。20世纪70年代以来，非营利组织在发达国家、第三世界国家以及转型国家先后兴起，取得了不同程度的发展（王绍光，1999），形成所谓"全球结社革命"之势（Salamon，1994）。然而，非营利组织的类型与规模极其多样化，不仅缺乏可比的统计数据，各国指称非营利组织的术语也不尽相同，这使得在全球层面比较研究非营利部门成为一件极其困难的事情。

为了让政策制定者和公众了解世界范围内非营利部门的发展状况，自1993年起，萨拉蒙就领导霍普金斯非营利部门国际比较研究项目（Johns Hopkins International Comparative Nonprofit Sector Project，ICNP），与40多个国家的学者和机构合作，并与联合国统计署和国际劳工组织合作，先后对40多个国家的非营利部门进行了研究（Salamon，1999）。这项研究提出的"非营利组织"定义得到了最为广泛的引用，建立的国际非营利组织分类体系（ICNPO）已经被几十个国家采纳。我国民政部2008年起采用的社会组织分类体系就是在借鉴ICNPO体系的基础上设计出来的。

这项研究激发了国际学术界对全球公民社会的关注。比如，伦敦政治经济学院国际发展系从 2001 年到 2012 年连续 12 年发布《全球公民社会年报》（Kaldo, Selchow & Henrietta, 2012）。萨拉蒙研究团队的成员如德国海德堡大学社会学系安海尔（Helmut K. Anheier）教授也是伦敦政治经济学院研究团队的主要成员。这些年报提供了各种专题研究成果，但没有系统提供各国非营利部门的可比数据。时至今日，在绝大多数国家的社会图景中，"非营利部门"仍然是一个隐而不见的"次大陆"，政策制定者和公众对这个部门仍然所知不多。造成这种现象的根本原因是缺乏基本信息。在大多数国家，非营利部门尚未被纳入国民账户体系，官方并不提供该部门的统计信息（Salamon, 1999）。截至 2013 年，萨拉蒙团队发布了 43 个国家非营利部门的数据。

萨拉蒙团队描绘的这幅"全球公民社会"图景中，还没有中国的身影。改革开放以来，社会组织在我国再度兴起并取得了长足发展，成为全球结社革命不可分割的一部分（Zhang, 2015；王绍光、何建宇，2004）[①]。然而，囿于外部环境局限性和自身建设方面的缺陷，社会组织的作用仍然极其有限（马庆钰、贾西津，2015）。即便如此，如果把中国社会组织纳入"全球公民社会"的图景中，它究竟会处于什么位置呢？这是很多学者感兴趣的问题，对于政策制定者和公众正确认识我国社会组织的发展水平也具有积极意义。邓国胜（2007）曾经尝试将我国社会组织的发展状况与萨拉蒙团队的研究成果进行比较。由于当时我国尚未建立起社会组织的分类和统计体系，没有官方提供的统计数据，邓国胜以 2003 年在全国 6 省对 3000 多家社会组织的调查数据为基础进行比较，研究发现我国社会组织的各项指标几乎都落后于非营利部门国际比较研究项目涉及的所有国家。

2008 年，民政部在借鉴萨拉蒙的国际非营利部门分类体系（ICNPO）的基础上建立了我国的社会组织分类体系，此后每年在其统计公

[①] 在中国，非营利部门、非营利组织、第三部门、社会组织和公民社会等概念，尽管含义有时有差别，但总体上表达的意思差不多。因此，本文在论述时更多使用非营利部门、社会组织、非营利组织概念。

报中发布社会组织的基本统计信息。近年来，教育部、卫计委等政府部门也开始将社会组织纳入其统计工作中。这为我国与其他国家的社会组织比较研究提供了更多的信息。本文试图利用这些信息，在现有研究的基础上更进一步通过分类比较研究分析中国社会组织发展状况与不同类型国家的异同点，以便我们更好地理解我国社会组织在国际上的相对发展水平及其未来发展趋势。

二 文献回顾与研究设计

由于各个国家的非营利部门千差万别，萨拉蒙团队首先要解决四个问题：一是研究对象的选择问题；二是非营利组织的定义和范围问题；三是比较维度问题；四是数据获取方式问题。

就研究对象而言，1999年出版的《全球公民社会》第Ⅰ卷的研究对象包括五大洲22个国家，2004年出版的《全球公民社会》第Ⅱ卷中研究对象扩大到36个国家，2010年萨拉蒙的论文公布了42个国家的数据，2013年萨拉蒙在华盛顿给日本商会的演讲中公布了43个国家的就业数据。22国的数据大多取自1995年，36国中22国之外的数据取自1997年到2000年（萨拉蒙等，2007），43国数据取自2000年以后（见表1）。可以说，萨拉蒙团队的研究对象在相当程度上可以代表全球非营利部门的发展状况。

各国用来指称"非营利部门"的概念和定义各不相同，萨拉蒙团队采取自下而上的归纳法从结构-运作方面的五个基本特征对公民社会部门进行了定义。这五个基本特征是组织性、私立性、不分配利润、自治性和志愿性（萨拉蒙等，2007：12~13）。这个定义尽管仍然不能消除所有"灰色地带"，但是基本上把各国普遍被视为非营利部门的组织都涵盖在内了。

萨拉蒙团队采用的比较维度主要包括非营利组织的工作人员数量（含雇员和志愿者）及其对就业的贡献、支出水平及其对GDP的贡献、

表1　霍普金斯大学非营利部门国际比较项目（ICNP）涵盖的国家

	发达国家	发展中国家	转型国家
22国研究对象	奥地利、爱尔兰、比利时、荷兰、芬兰、西班牙、法国、英国、德国、澳大利亚、以色列、美国、日本	阿根廷、巴西、哥伦比亚、墨西哥、秘鲁	捷克、罗马尼亚、匈牙利、斯洛伐克
36国研究对象（22国之外的国家）	挪威、瑞典、意大利	埃及、印度、肯尼亚、南非、韩国、摩洛哥、巴基斯坦、乌干达、坦桑尼亚、菲律宾	波兰
43国研究对象（36国之外的国家）	加拿大、新西兰、丹麦、瑞士、葡萄牙	智利	俄罗斯

资料来源：根据以下资料整理：《全球公民社会：非营利部门视界》，第6页；《全球公民社会：非营利部门国际指数》，第9页；霍普金斯大学公民社会研究中心提供的43国非营利部门就业数据。

收入来源以及主要活动领域。他们并没有将非营利组织的数量作为一个比较维度。"因为组织数量是恶名在外的不准确的度量方式，所以我们没有在意数量问题。"（萨拉蒙等，2007）该项目最为重视就业维度，主要衡量指标是非营利部门从业人员数量占经济活动人口的比重。从业人员数量采用相当全职就业人数（Full-time Equivalents，FTE），即将兼职人员和志愿者人数折算成全职人员数之后的全职就业人员总数。活动领域是按照萨拉蒙团队开发的国际非营利部门分类体系（ICNPO）进行分类的。

该项目的主要数据来源有四个方面：官方经济统计数据；伞状组织或中介协会收集的数据；专门调查数据；人口调查特别是以捐赠和志愿为重点的调查数据。

总体来看，发达国家非营利部门最为发达，发展中国家落后于发达国家，转型国家落后于其他发展中国家。发达国家中，西欧和北美国家的非营利部门规模最大、最为成熟，西班牙、意大利、日本等国的非营利部门发展较为滞后，但增长迅速。发展中国家的非营利部门呈现多元化状态，尚未成为一个公认的非营利部门。中欧和东欧转型国家是非营利领域的后来者，在20世纪90年代政治经济体制转型的背景下非营利组织开始起步，尚未发育成型，还是一个"模糊的部门"（萨拉蒙等，2002）。

具体而言，从非营利部门就业人口占经济活动人口的比例来看，不论是否包含志愿者，发达国家平均水平都远远高于发展中国家和转型国家平均水平，而发展中国家平均水平又明显高于转型国家平均水平（见表2）。从收入来源构成看，无论是否包含志愿者，发达国家政府对非营利部门的资助力度远远高于发展中国家和转型国家，发展中国家非营利部门收入来源主要依靠收费。尽管各国非营利部门对就业和GDP的贡献存在很大差异，但各国非营利部门的主要活动领域却基本相似，各国非营利部门的2/3集中在教育、健康和社会服务等传统的福利服务领域（萨拉蒙等，2007）。

将中国纳入国际比较研究首先必须定义中国非营利部门并界定其范围。按照萨拉蒙的定义，非营利部门基本包括了各个国家中除了政府与企业之外的其他机构。然而我国的社会组织结构与其他国家不同，在政府与企业之外还有群团组织、事业单位、城乡居民自治组织、民政部门登记的社会组织以及未登记的社会组织等多种类型的组织。群团组织、事业单位和城乡居民自治组织显然不符合萨拉蒙对非营利组织的定义，未登记的社会组织往往比较松散，不具有严格的组织结构，也缺乏可靠的数据。因此，本文讨论的中国社会组织的范围是指在各级民政部门登记的社会组织。

本文借鉴萨拉蒙非营利部门国际比较项目的比较维度，从社会组织对就业和GDP的贡献、收入来源结构以及主要活动领域等四个维度将中国社会组织与ICNP项目的研究对象进行比较。本文首先将该项目涉及的国家分为发达国家、发展中国家和转型国家三类，分别计算这三类国家非营利部门对就业和GDP的贡献率以及收入来源结构的平均值，然后将我国社会组织的发展状况与这三类国家的平均水平进行比较分析，并对非营利组织的主要活动领域进行比较，最后对比较结果进行解释和讨论。

本文所采用的其他国家非营利部门的数据来源于萨拉蒙团队的研究成果，主要是《全球公民社会》第Ⅰ、Ⅱ卷的数据，以及萨拉蒙论文和演讲中发布的数据。由于各国非营利部门确实存在太大差异，萨拉蒙团队在研究过程中也遇到了如何分析解读各国数据的问题。在第Ⅰ卷中，萨拉蒙团队将22个国家分为四种类型即西欧国家、其他发达国家、中东欧国家和拉美国家。在第Ⅱ卷中，他们将36国分为更多种类型，但在比较就业、收入和支出时将发展中国家和转型国家归为一类与发达国家进行比较，没有将发展中国家和转型国家的数据分别计算和讨论。本文将发展中国家和转型国家区别对待，分别计算相关指标。

中国社会组织的相关数据来源主要是民政部等部门发布的《社会服务发展统计公报》《中国民政统计年鉴》《中国统计年鉴》《中国卫生和计划生育统计年鉴》《中国教育统计年鉴》等官方统计数据。不过，迄今为止，我国并未在国民统计账户体系中设立社会组织专门账户，因此，这些官方统计信息尚不能完全反映我国社会组织的发展状况。其一，草根社会组织和境外非政府组织没有纳入统计范围，草根组织估计有上百万家，境外非政府组织估计有上万家（何增科，2006；贾西津，2011；Deng，2010）。其二，已登记的社会组织统计信息也不够完整。比如，政府资助统计数据没有包含我国政府对民办学校和民办医院等社会组织提供的土地优惠等资助方式。其三，在民政部门对社会组织增加值的统计中，很多社会组织的申报值低于实际值，造成社会组织对GDP的贡献率被严重低估。其四，政社不分也在一定程度上造成了数据不准确，我国很多社会组织的增加值往往按行业口径统计，并不专门提供。像民办医院类的社会组织增加值往往被纳入卫生系统进行统计，民办教育类社会组织被划入教育系统进行统计，社团则被纳入各自主管部门所在行业系统进行统计。这些统计数据往往只有组织数量，缺少收入来源、支出结构及对就业和GDP贡献等方面的统计信息。不仅如此，民政部、教育部和卫计委等部门并没有统一的统计口径。另外，在我国社会组织收入来源和志愿活动方面，由于没有官方统计数据，本文主要采用现有文献提供的调查和估计数据。

ICNP 项目数据采集时间为 1995~2010 年，分类计算各项指标时尽量采用了时间较近的数据。由于 2013 年中国社会组织的各项数据较为完整，因此在计算中国社会组织的各项指标时主要采用了 2013 年的数据，在对各个维度进行分析时采用了 2004~2014 年的数据。

三 中国非营利部门的国际分类比较分析

本文按照上述数据来源分别计算了发达国家、发展中国家和转型国家非营利部门从业人员占经济活动人口的比例、对 GDP 的贡献率以及收入来源结构的平均值，利用现有可获得数据计算了中国社会组织上述各指标的值（见表 2）。表 2 中 ICPNS 项目研究对象国家的数据取

表 2　中国社会组织与 ICNP 项目研究对象国家非营利部门的比较

单位：%

		各国平均水平	发达国家平均水平	发展中国家平均水平	转型国家平均水平	中国
从业人员占经济活动人口比例	不包括志愿者	3.3	5.3	1.6	1.0	0.9
	包括志愿者	5.5	8.8	2.7	1.3	0.9
对 GDP 的贡献	不包括志愿者	4.1	6.4	2.2	1.7	0.7
	包括志愿者	5.2	8.2	2.8	2.0	0.7
收入来源构成	不包括志愿者 政府	34.1	48.2	17.8	31.5	10.0
	不包括志愿者 慈善	12.5	7.2	16.3	19.5	11.5
	不包括志愿者 收费	53.4	44.6	66.0	49.0	78.5
	包括志愿者 政府	26.5	37.5	13.6	26.5	9.7
	包括志愿者 慈善	31.1	29.0	33.2	32.6	13.9
	包括志愿者 收费	42.4	33.5	53.2	42.8	76.4

资料来源：非营利部门从业人员占经济活动人口的比例数据来源于萨拉蒙在日本商会演讲中提供的 43 国数据；收入来源数据来源于《公民社会》第Ⅱ卷第 349~350 页表 A.4 34 国（缺埃及和摩洛哥）公民社会部门获得支持来源（含志愿者和不含志愿者）比较；收入来源构成来源于《公民社会》第Ⅱ卷 349~350 页表 A.5 34 国（缺埃及和摩洛哥）公民社会部门支持来源和 GDP 的关系比较；中国非营利部门数据见下文说明。

得时间上文已经做了说明,中国社会组织的相关数据为 2013 年数据,因为这一年的数据较为完整。下面对这些指标值分别进行分析和说明。

(一) 就业贡献率比较分析

我们先考察不包括志愿活动的情况,再考察包括志愿活动的情况。

我们利用现有数据对近年来我国社会组织就业人口占经济活动人口的比例进行了估算。如表 3 所示,近 9 年来,这个比例一直在增加,但直到 2014 年也只有 0.86%,不到转型国家不包括志愿者的就业贡献率(约为 1.00%)的平均水平。从表 2 可以看出,我国社会组织对就业的贡献与转型国家最为接近,落后于发展中国家平均水平。

表 3 社会组织就业人口占全国经济活动人口的比例(2006~2014 年)

	2006 年	2007 年	2008 年	2009 年	2010 年	2011 年	2012 年	2013 年	2014 年
社会组织就业人口(百万人)	4.25	4.57	4.76	5.45	6.18	5.99	6.13	6.37	6.82
经济活动人口(百万人)	763	765	770	775	784	786	789	793	797
社会组织就业人口占全国经济活动人口的比例(%)	0.56	0.60	0.62	0.70	0.79	0.76	0.78	0.80	0.86

资料来源:全国经济活动人口数据来源于《中国统计年鉴 2014》,社会组织就业数据来源于 2006~2014 年的《中国社会服务发展统计公报》。

据中国社科院杨团(2014)提供的数据,2013 年我国纳入正式统计的志愿者人数约为 7345 万人,志愿服务时间为 8.3 亿小时,折算价值约为 83 亿元。另有未纳入正式统计的志愿者约 3000 万人,志愿服务时间约 3 亿小时,折算价值约 30 亿元。全国志愿者服务时间合计约为 11.3 亿小时,总价值约为 113 亿元。根据《关于职工全年月平均工作时间和工资折算问题的通知》(劳社部发〔2008〕3 号)规定的职工年工作日 250 天、每天工作 8 小时计算,2013 年我国志愿活动总量相当于 565000 个全职职工,占当年经济活动人口的比例为 0.07%,占非营利部门就业人口的比例为 8.8%。根据邓国胜(2007)的调查,2003 年我

图 1 44国非营利部门就业人口占经济活动人口的比例

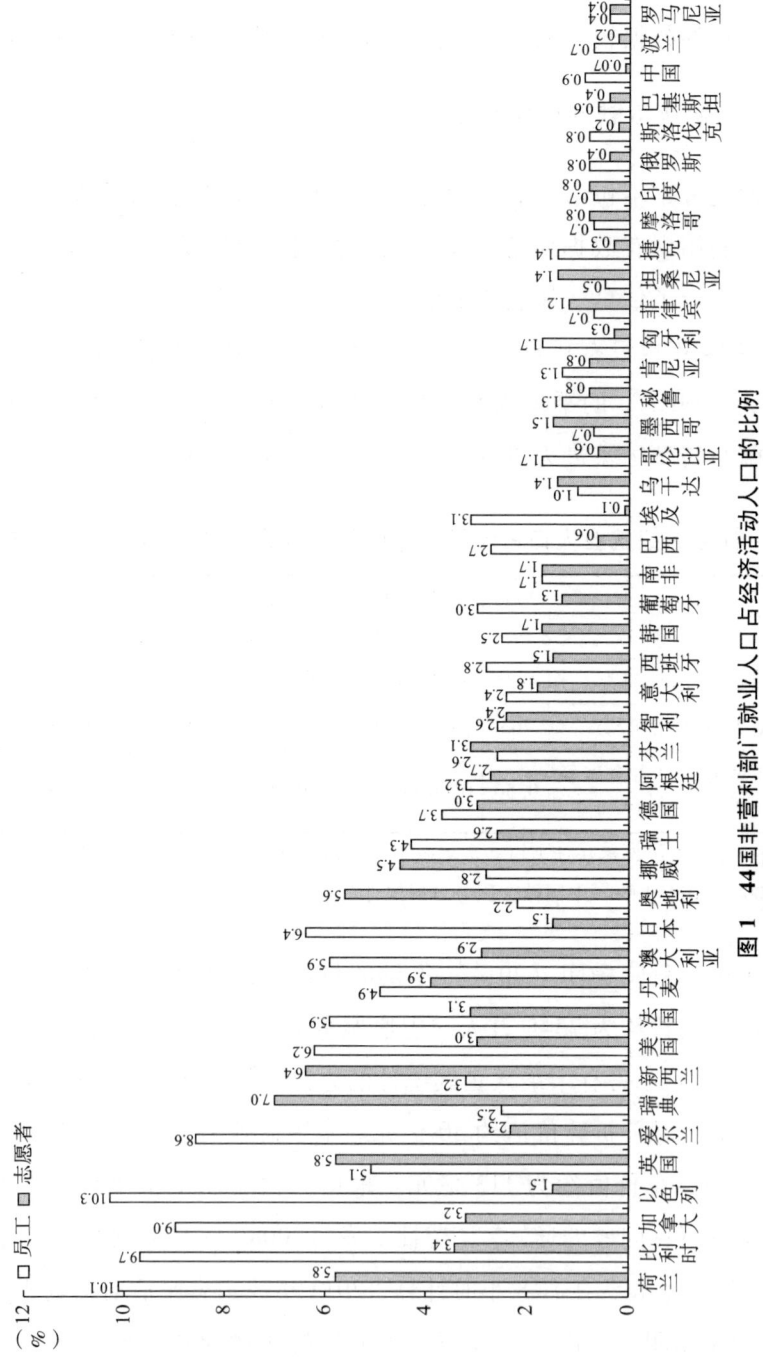

资料来源:除了中国数据之外,其余43国数据来源于Salamon、Sokolowski和Associates(2010)。

国志愿活动折算全职就业人口占经济活动人口的比例为0.02%，占非营利部门就业人口的比例为3.13%。可见，过去十余年来我国志愿者和志愿服务活动都取得了显著增长。加上志愿者的贡献，2013年我国非营利部门总体就业人口（包含志愿者）占经济活动人口的比例为0.93%。其余年份，由于缺乏志愿者活动的数据，无法估计我国非营利部门总体就业的贡献。如果将2013年中国非营利部门对就业的贡献纳入ICPNS项目提供的43国非营利部门的就业贡献数据中（见图1），可以很清楚地看出中国非营利部门与转型国家的水平相近，而转型国家整体上落在"全球公民社会"图景的底部。

（二）GDP贡献率比较分析

同样，我们首先考虑不包括志愿活动的情况，再考虑包括志愿活动的情况。

我们利用民政部发布的社会组织增加值来估算我国社会组织对GDP的贡献。从表4可以看出，2006~2014年，我国社会组织增加值保持了较快的增长速度，2014年社会组织的增加值是2006年的2.58倍。但是总体来看，社会组织增加值占GDP的比例只有0.10%~0.15%。

表4 社会组织增加值及其占国内生产总值的比例

	2006年	2007年	2008年	2009年	2010年	2011年	2012年	2013年	2014年
社会组织增加值（亿元）	247.5	307.6	372.4	493	531.1	660	525.6	571.1	638.6
GDP（万亿元）	20.9	24.7	30.1	33.5	39.8	47.2	51.9	58.8	63.6
占比（%）	0.12	0.12	0.12	0.15	0.13	0.14	0.10	0.10	0.10

资料来源：GDP来源于《中国统计年鉴（2014）》；社会组织增加值来源于民政部发布的《中国社会服务发展统计公报（2006—2014）》。

一般来讲，一个部门对就业与GDP的贡献率应该是相近的。但从表3和表4的数据来看，两组数据之间存在严重背离，我国社会组织的GDP

贡献率只有就业贡献率的约 1/8。例如，2013 年社会组织增加值为 571.1 亿元，吸纳各类人员就业 637 万人，人均增加值约 9000 元，只有当年人均 GDP 的大约 1/5。这明显不符合常识。2013 年民政部社会服务发展统计公报发布之后，徐永光问："社会组织的 GDP 哪去了？"他估计，"中国社会组织创造的 GDP 如果全部归口统计，应该在 4000 亿元以上。"① 上海交通大学第三部门研究中心课题组就此进行了专题研究，估计 2013 年全国社会组织的 GDP 贡献约为 4000 亿元，贡献率为 0.68%，约为官方数字的 7 倍（吴磊、徐家良，2016）。

如果加上志愿服务 113 亿元的贡献，2013 年社会组织对 GDP 的总体贡献率约为 0.7%，与社会组织的就业贡献率大致相当。这个数字接近于邓国胜（2007）对 2002 年我国社会组织总支出占 GDP 比重的估计值。也就是说，9 年来，我国社会组织对 GDP 贡献的增长速度与 GDP 的增速基本保持一致。

（三）收入来源比较分析

我国社会组织的收入来源结构由于官方没有给出权威的统计数据，我们主要是从现有的研究文献之中搜寻相关数据（见表5）。

表5　政府资助占社会组织及社会总收入的比例

单位：%

	社会团体	民办非企业单位	基金会
政府资助占各类社会组织总收入的比例	20*	3*	10**
政府资助占社会总收入的比例	10***		

资料来源：本表根据以下来源数据整理。* 黄晓勇，2013：58、62；** 基金会中心网，2014：24；*** 邓国胜，《政府以及相关群体在慈善事业中的角色与责任》，2010。

---

① 《徐永光：公益经济从找回丢失的 GDP 开始》，南都公益基金会，2015 年 8 月 3 日，http://gongyi.sina.com.cn/gyzx/2015-08-03/144653345.html，最后访问日期：2017 年 10 月 5 日。

中国社会科学院"民间组织与公共治理研究"课题组对我国东部某发达地区的调研结果显示，社团的收入来源主要为会费，政府资助和社会捐赠各占20%；民办非企业单位的收入则主要来自其服务性收费，政府资助占比仅为3%（黄晓勇，2013）。基金会的主要收入来源是社会捐赠，政府补助是其第二大收入来源。2012年，政府补助收入占到基金会全部收入的10%（中国基金会中心网，2014）。邓国胜（2010）估计政府资助占社会组织总收入的比例接近10%。与表2中34个国家的数据相比可以看出，我国政府对社会组织的资助力度与发展中国家接近，不仅低于发达国家，也大大低于转型国家。

依据上海交通大学第三部门研究中心课题组对2013年我国社会组织总收入的估算值（4000亿元）和邓国胜（2010）估算的政府资助占社会组织来源的比重（10%），以及民政部统计的2013年社会组织接受的社会捐赠额（458.8亿元），可以估算出2013年社会组织不包含志愿活动的收入来源结构。2013年志愿服务的价值按113亿元计算，可以推算出2013年包括志愿活动的社会组织收入来源结构（见表6）。

表6　2013年我国社会组织收入总额与结构

单位：亿元，%

	总收入		政府资助		慈善来源		收费收入	
	金额	占比	金额	占比	金额	占比	金额	占比
不包括志愿者	4000	100	400	10.0	458.8	11.5	3141.2	78.5
包括志愿者	4113	100	400	9.7	571.8	13.9	3141.2	76.4

我国政府对社会组织的资助有两个特点：一是偏重对社会团体的资助，对像民办、非企业单位这一类的服务类组织的资助过低。这与其他国家政府对非营利组织的资助重点正好相反。二是官方背景越浓的社会组织得到的资助越多。社会团体得到的资助多正是因为它们与政府关系密切。基金会也是如此，政府对基金会的资助有七八成流入到了具有官方背景的公募基金会（基金会中心网，2014）。

（四）主要活动领域比较分析

我国现行的社会组织分类体系按行业领域将社会组织分为14类，社会团体和民办非企业单位的行业领域分布差异很大。根据民政部统计，2013年，民办非企业单位主要集中在教育、社会服务和医疗领域，分别占当年民办非企业单位总数的56.9%、14.4%和8.3%。社会团体的分布较为分散，排在前三位的是农业及农村发展、社会服务和工商服务，分别占社会团体总数的20.0%、14.0%和10.7%。ICPNS项目发现，服务类机构是各国非营利部门的主导力量，以就业和收入来看，服务类机构要占到非营利部门的70.0%以上。在我国，服务类非营利组织就是民办非企业单位，下面就分析我国民办非企业单位的主要活动领域。

2003年《中华人民共和国民办教育促进法》实施以来，我国民办教育开始了大发展的历程，2004~2013年各级教育机构中民办教育占比变化趋势如图2所示。据教育部（2014）统计，2013年我国民办高校占高校总数的28.8%，民办中学占中学总数的12.0%，民办小学占小学总数的2.6%，民办幼儿园占幼儿园总数的66.4%。可以看出，我国民办学校主要集中在幼儿园和高校。由于我国实施九年义务教育政策，因此在小学教育中，民办学校只占微不足道的比例。中学阶段，初

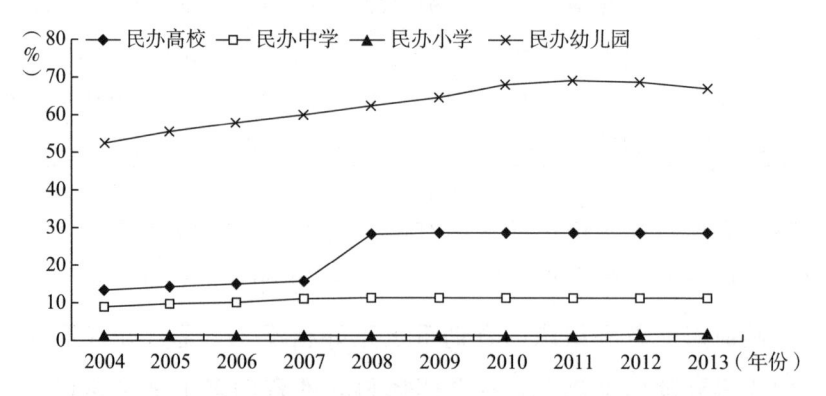

图2 各级教育机构中民办教育机构占比（2004~2013年）

资料来源：教育部，2014。

中仍然是以义务教育为主，民办学校主要集中在高中阶段，所占比例也不高。

20世纪80年代以来，在一系列鼓励社会力量办医政策的指引下，民办医院和其他民办医疗机构迅速发展。据国家卫生和计划生育委员会统计，2015年民办医院已经占到医院总数的46%，其中民办营利性医院占30%，民办非营利性医院占16%（卫计委，2014）。不过，由于公办医院规模一般大于民办医院，因此，民办非营利性医院的就业人数和床位数要远远低于16%。

尽管社会服务机构占社会组织总数的14%，但由于社会服务仍然以政府提供为主，民办社会服务机构的服务能力占比要远远低于数量占比。

总体上看，尽管民办非企业单位在教育、医疗和社会服务领域已经占有一席之地，但130多万家事业单位及其4000万名员工仍然是科、教、文、卫、体领域的主力军。事业单位在公共服务领域的地位如同国有企业在市场经济领域的地位，而社会组织在我国的公共服务体系中处于辅助和补充的地位。

四 结论和讨论

本文根据民政部公布的社会组织统计数据以及相关研究和估计的数据，试图将我国非营利部门的发展状况纳入萨拉蒙团队所描绘的"全球公民社会"的图景。我们发现，从就业规模和增加值的绝对数来看，我国社会组织毫无疑问已经是一支庞大的经济力量。但是从对就业和GDP的贡献率来看，我国社会组织的发展状况与俄罗斯、波兰等转型国家最为接近，不仅远远低于发达国家，也低于绝大多数发展中国家。但我国政府对社会组织的支持力度又低于转型国家平均水平，与发展中国家比较接近。尽管国内外数据采集的时间不太一致，可能对比较研究结果产生一定影响，但由于我国数据采集时间晚于其他国家，对比较结果并无实质性影响。

我国社会组织对就业和 GDP 的贡献接近转型国家，可能是因为非营利部门的发展与市场经济体制具有内在联系。市场经济发展得越早、发展程度越高的国家，非营利部门往往也更发达。发展中国家尽管经济发展水平较低，但对非营利部门的限制比较少，国际非政府组织在这些国家的活动比较多，因此它们的非营利部门得到不同程度的发展。转型国家在计划经济时期对非营利部门的发展采取了限制乃至禁止的政策，其在 20 世纪 80~90 年代开始向市场经济转型之后，非营利部门才得到了发展空间。因为起步晚，还处于初级发展阶段，在发展过程中，政府对发展非营利组织往往还有各种顾虑，采取控制与鼓励两手抓的政策。比如，俄罗斯通过了《非政府组织活动法》(《外国代理人法》)，对非营利组织的政治活动和境外资助采取了严格控制政策 (Jakobson & Sanovich, 2010)。

我国政府对社会组织的资助力度小于转型国家，接近于发展中国家，这可能是因为政府资助力度与经济发展水平有关。转型国家人均 GDP 高于发展中国家，比如捷克和斯洛伐克 2014 年人均 GDP 都接近 20000 美元，这一年我国人均 GDP 不到 8000 美元，与泰国等发展中国家水平相近。资助的倾向性则与我国特殊的政社关系以及公共服务体制有关。社团和公募基金会得到的政府资助最多，是因为这两类社会组织与政府关系最为密切。服务类社会组织得到的政府资助最少，则是与我国特殊的公共服务供给体制有关。我国政府主导公共服务，由事业单位来提供，社会组织只是处于拾遗补阙的地位，因此获得的政府资助相对较少。

最后有必要特别说明的是，我国社会组织发展水平与发达国家非营利部门的差异并不代表我国与这些国家在社会发展水平上的差距。正如爱德华兹所说，一些社会（如中国）正在取得进步，尽管其结社生活还很弱——至少从西方的视角看。而其他社会（如美国）第三部门虽然强大，但是不平等和歧视问题仍持续存在（爱德华兹，2008）。

【参考文献】

邓国胜，2007，《中国非政府部门的价值与比较分析》，《中国社会科学》（英文版）第 2 期，第 83~95 页。

邓国胜，2010，《政府以及相关群体在慈善事业中的角色与责任》，《国家行政学院学报》第 5 期，第 27~30 页。

何增科，2006，《中国公民社会组织发展的制度性障碍分析》，《中共宁波市委党校学报》第 6 期，第 23~30 页。

黄晓勇，2013，《民间组织蓝皮书——中国民间组织报告（2013）》，社会科学文献出版社。

基金会中心网，2014，《中国基金会发展独立研究报告（2014）》，社会科学文献出版社。

贾西津，2011，《NGO 国际视野与中国发展》，《当代世界》第 6 期，第 22~25 页。

马庆钰、贾西津，2015，《中国社会组织的发展方向与未来趋势》，《国家行政学院学报》第 4 期，第 62~67 页。

迈克尔·爱德华兹，2008，《公民社会》（中），《中国非营利评论》（第三卷），社会科学文献出版社。

萨拉蒙等，2002，《全球公民社会：非营利部门视界》，贾西津、魏玉译，社会科学文献出版社。

萨拉蒙等，2007，《全球公民社会：非营利部门国际指数》，陈一梅等译，北京大学出版社。

王名、刘国翰、何建宇，2001，《中国社团改革——从政府选择到社会选择》，社会科学文献出版社。

王名、孙伟林，2010，《我国社会组织发展的趋势和特点》，《中国非营利评论》第 1 期，社会科学文献出版社。

王绍光，1999，《多元与统一——第三部门国际比较研究》，浙江人民出版社。

王绍光、何建宇，2004，《中国的社团革命——中国人的结社版图》，《浙江学刊》第 6 期, 第 71 ~ 77 页。

吴磊、徐家良, 2016,《多中心治理视野下第三部门 GDP 核算制度研究》,《学习与实践》第 2 期, 第 80 ~ 86 页。

杨团主编, 2014,《中国慈善发展报告 (2014)》, 社会科学文献出版社。

中华人民共和国教育部, 2014,《中国教育统计年鉴 (2013)》, 人民教育出版社。

中华人民共和国民政部, 2014,《中国民政统计年鉴 (2013)》, 中国统计出版社。

中华人民共和国民政部,《社会服务发展统计公报 (2006—2014)》, 民政部官网。

中华人民共和国统计局, 2015,《中国统计年鉴 (2014)》, 中国统计出版社。

中华人民共和国卫生与计划生育委员会, 2015,《国家卫生和计划生育委员会统计年鉴 (2014)》, 北京人民教育出版社。

Anheier H. K. and Salamon L. M. 2015. "Global Civil Society: Dimensions of the Nonprofit Sector," *Global Democracy Key Debates*, 42 (1): 93 – 107.

Deng G. 2010. "The Hidden Rules Governing China's, Unregistered NGOs: Management and Consequences," *The China Review*, Vol. 10, No. 1, 183 – 206.

Jakobson L. and Sanovich S. 2010. "The Changing Models of the Russian Third Sector: Import Substitution Phase," *Journal of Civil Society*, 6 (3): 279 – 300.

Kaldor, M., Selchow, S. and Henrietta L. M. (eds.) 2012. *Global Civil Society* 2012: *Ten Years of Critical Reflection*, Palgrave Macmillan.

Peter F. Drucker. 1990. *Managing the Nonprofit Organizations: Principles and Practices*, Harper Collins.

Salamon L. M. 1994. *The Rise of the Nonprofit Sector*, *Foreign Affairs*, 74 (3): 109 – 123.

Salamon L. M. (ed.) 1999. *Global Civil Society: Dimensions of the Nonprofit Sector* (Volume One), Kumarian Press.

Salamon L. M. and Sokolowski S. W. (Eds.) 2004. *Global Civil Society: Dimensions of the Nonprofit Sector* (Volume Two), Kumarian Press.

Zhang Yuanfeng. 2015. "Dependent Interdependence: The Complicated Dance of Government-Nonprofit Relations in China," *Voluntas*, 26 (6): 2395 – 2423.

社会影响力投资

——一种社会创新的工具[*]

刘 蕾 陈 绅[**]

摘 要："社会影响力投资"是一种新的社会创新工具，以综合价值理论、社会企业三角关系理论、合作治理理论为支撑，以链接商业与社会价值为特征，能够高效地解决社会问题。其运行逻辑是通过多元合作，利用商业化手段来承担社会职能、推进社会治理。在文献研究的基础上，结合中国社会转型期的发展现实，可以发现：在社会问题日益复杂、社会创新需求日益强烈的背景下，社会影响力投资超前的合作治理思路、有效的互促机制，对我国的社会治理与社会创新具有很强的适应性和启发性。因此，扶持和推进我国尚处于萌芽和上升期的影响力投资，需要政府运用政策模型，引导我国市场思维

---

[*] 本文是国家教育科学规划基金项目"基于大学生公益创业能力提升的社会支持体系研究"（项目编号：CIA150190）的阶段性成果。

[**] 刘蕾，中国矿业大学公共管理学院讲师，研究方向为社会组织、公益创业和影响力投资，Email：lacy_liu@163.com。陈绅，中国矿业大学公共管理学院研究人员，研究方向为社会组织和影响力投资。

范式的转变，建立良好的影响力投资生态系统，完善影响力的嵌入式评估机制，促使影响力投资在我国社会创新逻辑下发挥出应有的作用。

关键词： 社会影响力投资　社会创新　社会治理

一　问题的提出

进入 21 世纪以来，随着社会的不断发展，"社会治理""善治""社会创新"等概念被相继提出，在我国公共管理的理论领域引发热议，并在实践层面得到了较深入的尝试。

（一）社会创新需求下的社会影响力投资

社会治理的关键在于多元主体合作格局的塑造，以及对公共利益、治理效能的不懈追求；而社会创新则是对社会治理和善治理念的有益延伸——系由公民及公民社会组织等社会行动者为解决社会问题、满足社会需求而在社会领域率先发起和实施的卓有成效的创造性活动（何增科，2010），其融合了社会与市场的特质，倡导转变固有的社会问题解决思路，开放包容地利用市场和商业化的手段来调用资源并直面社会问题（周红云，2015）；强调广泛参与及问题导向，并主张采取更加注重效率和价值的方式，在改善社会问题的同时，激发社会的自治活力、市场创新动力和资源的可持续开发能力（纪光欣、刘小靖，2014）。

然而，目前我国社会创新的实践存在着现实困境：其一，回报周期过长，资源需求与耗损量大（摩根、张晓扬，2006），参与主体整体力量薄弱；其二，社会创新主体受资规模结构失衡，整体受资规模结构脆弱（周红云，2014）；其三，社会创新理念超越现有市场发育程度，社会对公共价值、社会利益和环境的关注度还有待提升。对此，社会创新者应当开拓思路，扩展社会创新的实践模式和具体方法，让注重商业手段和社会参与的方法逐渐成为社会创新逻辑体系的重要补充。

近年来，国内外出现了在社会创新领域引入"社会影响力投资"的尝试，使得社会影响力投资这种产生于市场与社会交界领域的特殊活动，成为社会创新的介质和重要工具。

（二）诞生于多元价值探索的社会影响力投资

从历史脉络来看，社会影响力投资的渊源可以向前追溯到 17 世纪英格兰的贵格会（Quakers[①]）。贵格会试图将投资与购买决策和现实的价值相联结，不断追问和求索投资活动的价值，推行具有社会价值的世俗活动与业务（巴格-莱文、艾默生，2013），为影响力投资的理念奠定了基础。从现实维度来看，产生于 21 世纪的影响力投资是一种将商业手段与社会效益相结合的行为体系，主张投资行为应对经济、社会和环境价值产生正向效应，其内在价值与社会创新的主张相一致，注重链接商业价值与社会价值，并将社会三大部门联结到同一框架内，以推进社会多元合作治理的平等协商、互利共赢（刘蕾、陈绅，2017）。因此，对于社会创新而言，影响力投资是一种高效、适应力强的创新工具，能够打通跨社会部门沟通的壁垒、重塑市场思维，为处于经济转型期的中国社会注入新鲜动力。

二 影响力投资研究理论综述

（一）社会影响力投资的内涵

1. 基本含义界定

2007 年，安东尼·巴格-莱文（Antony Bugg-Levine）在洛克菲勒

[①] 贵格会（Quakers）由乔治·福克斯创立，其正式名称为公谊会（The Religious Society of Friends），兴起于 17 世纪中期的英国及其美洲殖民地。其特点是没有成文的信经、教义，最初也没有专职的牧师，无圣礼与节日，而是直接依靠圣灵的启示，指导信徒的宗教活动与社会生活。该会的国际组织名为"世界公谊协商委员会"（Friends World Committee for Consultation）。

基金会（Rockefeller Foundation）正式创造了"社会影响力投资"一词。2010年，摩根大通（J. P. Morgan）和洛克菲勒基金会在合作研究报告《影响力投资：一种新兴的投资类别》中首次将影响力投资区别于其他投资类别（Global，2010），将其认定为一种新兴并且正在融入主流投资界的投资类别。全球影响力投资网络（Global Impact Investor Network，GIIN）把社会影响力投资定义为面向公司、机构和基金，以产生社会和环境影响力为目标，同时追求经济收益的投资；认为其投资模式不仅看重综合考虑风险和回报的均衡（Falkowski & Wiśniewski，2013），而且考虑环境、社会以及管理模式的影响，能够吸引和留住潜在的投资者（Amy et al.，2012）。就投资行为的逻辑来看，社会影响力投资有意识地将私人资本引入社会领域（Rangan，Appleby，Moon，2012），并将特定社会目标与财务回报挂钩、协同，在价值平衡的前提下进行战略规划（Cohen，2014），它所重视并创造的是一种"综合价值[①]"，该价值形式包含经济、社会和环境要素，既能被管理，又能被衡量（巴格－莱文、艾默生，2013）。

在中国，关于社会影响力投资的研究也逐渐获得关注。在中国的语境下，一般认为，社会影响力投资就是义利并举，是倡导公益与商业相融合的投资（中国发展研究基金会、友成基金会，2016），从操作方式来看，其代表的是一种投资到公司、组织或基金，产生可衡量的社会和环境影响和经济回报的投资方式（孙小乐、杨子冉，2013）。若从本质上对其进行概括和下定义，社会影响力投资也可以表述为一种公益和慈善的"混搭"（陈玉路，2014），是一种"商业和社会的双重创新"，以及一种倡导有目的地追求社会改善的目标，并追求商业的可持续性的经营模式。

社会影响力投资的内涵具有自身的要素体系。我国学者对此的研

[①] 根据巴格－莱文和艾默生的解释，所有营利或非营利部门都能创造出包含经济、社会和环境成分的价值，是这三个方面的价值元素相互关联、组合或有机分解与重构的结果，即所谓"综合价值"；后文有详述。

究分化出了两条路线。第一种观点认为，影响力投资的概念包含六大核心要素：社会影响力和商业回报性缺一不可；对社会影响力有明确的目标、主动追求社会改变；财务回报的可持续性；社会影响力在组织内外都能产生社会效益；社会影响力应该是可量化、可评估的；具有规模化的特征（徐永光，2017：187~193；卢德之，2015）。第二种观点则认为，社会影响力投资内涵的要素体系共有三个方向的体现：第一是强调环境、社会影响及财务回报；第二是搭载新兴的投资理念，主动且有策略的投资行为；第三是适用于投资切实有效且需大笔资金实现规模化扩张的项目（熊凤娥，2015：6）。

2. 相近概念比较及界限

从影响力投资与传统商业投资比较来看，尽管二者在具体投资方式上存在许多交叉，但二者在战略核心、投资回报率、参与市场方式等方面有显著的区别。首先，在战略核心方面，传统商业投资重视资金的效率和回报，以营利为战略核心，不断追求更高的经济利益；而影响力投资强调利用商业模式解决社会问题，注重综合价值的实现，认为投资行为的战略核心除了经济回报之外，社会和环境效益同样重要。其次，在投资回报率方面，市场对于回报的高度重视、传统的资金结构和规模，以及激烈紧张的市场环境，在一定程度上决定了传统商业投资活动的高投资回报率倾向；而影响力投资加入了社会和环境的视角来考虑行为创造的价值，对投资活动的回报率并没有太高的要求，有时候由于资产的特殊性，甚至只能是一种只追求能够覆盖通胀成本的低回报率的行为（Niggemann & Bragger，2011）。最后，在参与市场的方式上，传统商业投资注重竞争，强调优胜劣汰、强者生存；而影响力投资更多倡导合作和多方参与，立足于市场又超越了市场的界域，能够产生更深远的影响与价值。

从影响力投资与社会责任投资的比较来看，二者有两方面的差别。一方面，在主体和投资对象上，社会责任投资鼓励公司作为单一的主体尽其社会责任，将大多数资金投到社会关注度高、短期效益明显的社会问题解决中；社会影响力投资则更多倡导多元主体对社会问题的协同治理，鼓励将资金引向关乎社会以及环境问题带来的挑战，尤其是那些重要却得不到关注、短期难以改善的社会问题，从而为政府和纯慈善行为不能企及的这些投资领域提供量化的解决方案（Stanfield，2011）。另一方面，就行为模式的价值而言，社会责任投资的出发点在于提高企业的知名度、社会认可度，通常采用较为直接的方法（如捐赠、为公益项目注资）进行，创造社会效益的可持续性较弱，是一种发育程度较低的公益行为模式；影响力投资的行为逻辑受到社会使命感的驱动，以解决社会问题为核心，为此而发展出一套用以整合多方参与主体利益诉求的价值整合体系，通过互补型合作推动经济和社会发展、解决特定的问题，其行为模式本身就具有极高的价值与持续能力。

因此，影响力投资对传统商业投资、社会责任投资虽然有所借鉴，有内容、操作方式甚至理念上的沿袭与交叉，但从根本价值来看，影响力投资体现出投资行为发展的一个更高维度，对商业投资、社会责任投资具有不同程度的超越性。

3. 概念总结：一种创新型投资形式

综合以上，本文对社会影响力投资的定义界定如下：社会影响力投资是一种在新兴市场和发达市场同时兴起的，利用商业手段来追求综合价值，从风险、回报与社会效益三个维度考量绩效以制定战略的创新型投资形式。

在这个定义中，值得注意的是：第一，社会影响力投资是一种投资方法体系，是一套可以被借鉴和复制的模式和流程，能够成为社会合作治理的具体工具；第二，社会影响力投资注重使命与愿景的驱动，以及多维绩效的实现，通常借助特定评估工具和标准来测定成果；第三，社会影响力投资的理论和实践都尚且处于上升发展期，相关概念与定义的范围和条件将会随着时间不断验证、更新和修正。

（二）社会影响力投资的理论基础

影响力投资产生于市场和社会的交界区域内，在其理论发展和完善的过程中，综合价值理论、社会企业三角关系理论与合作治理理论分别从不同的角度出发，为影响力投资的存在意义、目标、价值实现模式、协作方式、合作主体等方面提供了一定程度的解释和辩护。

1. 综合价值理论

艾默生在2000年描述"综合价值"（或译作"融合价值"）时认为任何组织在进行投资生产、完成任务等活动过程中都会创造价值，这些价值通常包含经济、社会和环境成分，这三种价值成分相互关联，即形成所谓"综合价值"。

综合价值理论指出，社会影响力投资并非一种"现代社会的畸形突变"，而是社会发展到一定程度以后的自发产物。社会价值与商业价值的合流逐渐成为一种趋势，可弥补由于投资与慈善分离的做法而呈现的一些低效的缺陷；而社会影响力投资将传统投资与公益慈善相结合，利用商业手段来追求综合价值，是现代组织（包括企业和第三部门）履行社会责任，改善社会环境，为自身创造长远发展机会的重要过程（巴格－莱文、艾默生，2013）。

2. 社会企业三角关系理论

社会企业是随着现代商业经济与社会参与的发展而产生的一种特殊的企业形式，本质属于一种公益性的经济组织。社会企业强调商业手段与社会价值的结合，其最高宗旨在于为社会创造效益、解决社会问题，它是接受社会影响力投资、提供社会服务、解决社会问题的重要主体。社会企业三角关系理论以社会企业为核心，试图从社会企业的角度出发，解释影响力投资的价值实现模式，以及多方参与的理念。如图1所示，在社会企业三角关系理论中，三角关系有两层含义。

第一层次关系提倡使用"社会资本"，即人际网络与信任，推动"社会创新"的主体（社会企业）通过商业手段实现"社会效应"的

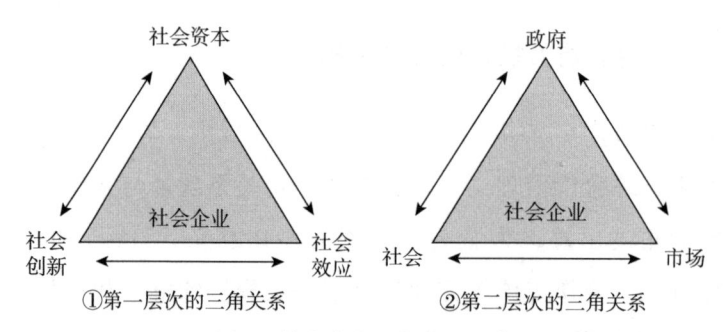

图 1 社会企业三角关系示意

资料来源：《社会三角关系》，http://www.seic.hk/anpit-theory.php，最后访问日期：2017年5月11日。

正面投资。在这个层次，社会企业由"社会效应"而起，又至"社会效应"而终。社会创新、个人创办社会企业、投资人对社会企业进行投资，是社会影响力投资实现其价值与效益的重要形式（熊凤娥，2015：12）。

第二层次的关系解释政府、市场及社会三方在平台上实现的互动。政府支持社会企业发展的缘由在于社会企业能够协助政府解决多元化和专业化的社会问题；市场推动社会企业的目标在于，社会企业能够丰富市场形态，也受市场多元价值追求的驱动；而社会通过推动社会企业（及具有可持续发展能力的社会组织）运行达成社会目标与公共利益实现（严俊民，2011）。鉴于投资社会企业及其项目是影响力投资的重要形式，第二层次的三角关系实质上倡导以社会企业为纽带，链接政府、社会和市场，以加强多元主体互信合作，体现了影响力投资的参与、合作、共赢的重要理念。

3. 合作治理理论

与社会企业三角关系理论的第二层次关系类似，合作治理理论认为在现实社会中，存在着"三重失灵"，政府、市场和社会的任何一方都具有"失灵"倾向（金太军，1998；俞宪忠，2004；刘大洪、李华振，2005；虞维华，2006）。社会问题的解决依靠单独一方往往独木难支，因此要倡导多元合作治理以解决社会问题（张康之，2012）。在这一逻辑前提之下，随着新公共管理运动和善治理论的不断发展，政府与市场、政府与社会、市场与社会、政府与社会及市场三方的不同合作实践衍生出了不同的联结模式。

如图2所示，在社会治理的目标驱动下：政府与市场的合作主要是通过"PPP模式"提供公共物品、解决社会问题；政府与社会的合作体现为政府（向非营利组织）购买服务，两方优势互补；市场与社会的合作则催生了社会企业、企业社会责任、社会组织的市场化运作等形式，贯彻借助商业思维与手段的社会改善模式。而影响力投资在政府、市场和社会两两合作区域的重合范围内，是一种集结三方的参与、合作与共享的社会治理模式。

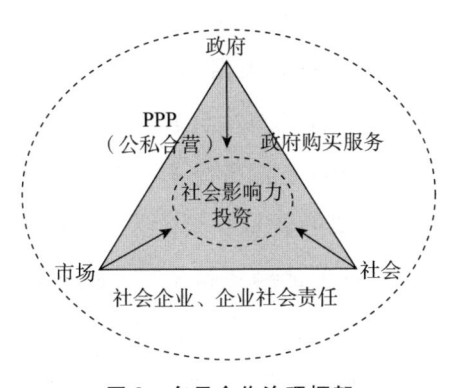

图2 多元合作治理框架

因此，合作治理理论为影响力投资的主体范畴做了更明晰的圈定，同时解释了影响力投资在社会多元合作治理格局中所处的位置，有利于影响力投资的参与者们明确自身位置、界定投资行为的范围与边界。

（三）社会影响力投资的意义

影响力投资的出现顺应了新兴慈善家既追求善款的使用效率又追求经济回报的趋势，是一种"开明的自利"的体现。除了对市场效率和市场活力的促进作用之外，它还能够提升社会文明程度，增强社会、环境、政治与经济等因素之间的关联和互动，创造和谐的社会状态（Burckart，2015）。

基于此，影响力投资的意义可以大致归结为：有利于提高市场效率，激发市场活力；有利于解决社会问题，促进公益理念的升级；有利于推动社会创新，推进多元合作治理。

三　社会影响力投资在中国的实践

（一）处于萌芽期的中国社会影响力投资

社会影响力投资的理念在产生之初就传入中国，得益于一些国家的成功实践，国内各界人士对这个社会创新工具表现出极大的兴趣，很大程度上推动了影响力投资在我国的发展。

1. 政策引领社会影响力投资发展

从公共政策层面来看，我国对社会影响力投资进行促进、引导和规范的相关政策不断完善。例如：国务院于2014年10月2日发布的《关于加强地方政府性债务管理的意见》（国发〔2014〕43号）提出，要"加快建立规范的地方政府举债融资机制"，对于那些没有收益的公益性事业，以及有一定收益的公益性事业，可由地方政府通过发行债券融资，这间接肯定了社会影响力债券的实用价值；2014年底召开的国务院常务会议提出，要利用公益创投助力慈善事业，地方政府和社会力量可通过公益创投等方式，为初创期慈善组织提供支持。此后，各地方政府也纷纷出台相关支持性政策，组织举办公益创投活动、扶持社会企业发展。2016年11月22日北京市发布的《北京市"十三五"时期社会治理规划》指出：开展专题调研，研究扶持政策，分类开展试点，大力推动以服务民生和开展公益活动为重点的社会企业发展。推动建立北京市社会企业联盟，建立社会企业绩效评估体系，发挥市场激励与社会监督作用，提升社会企业服务水平和公信力，促进社会企业可持续发展。

2. 实践创新社会影响力投资模式

从实践领域来看，2010年之后我国关注社会事业领域的私募基金、创投基金不断成立，让中国社会影响力投资不仅仅具有慈善意义，而更多体现出商业投资的价值。2012年，中国首家影响力投资机构——中国影响力基金（China Impact Fund）正式出现，积极投资中国中小型环境企业、致力于改善金字塔底层人群环境质量。同年3月，新湖集团、爱德基金会育基金共同成立了新湖育公益创投基金，初始资本为人民币1000万元，通过天使投资运营管理咨询，旨在助力中国高成长潜力的社会企业实现规模化发展（上海财经大学社会企业研究中心，2013）。

2013年10月，南都公益基金会理事长徐永光发表《影响力投资时代来了》一文，称社会影响力投资为"不可阻挡的发展潮流"，预言了社会企业以及社会影响力投资在世界以及中国的急速来袭。2014年9月3日，16家关注社会企业与社会投资的基金会、研究机构、社会投资机构联合发起了"中国社会企业与社会投资论坛"[1]，为社会影响力投资的进一步发展搭建了良好的合作平台。2014年9月19日，友成基金会倡导建立了国内首个社会价值投资联盟，积极推动社会影响力投资机构的良性互动。2014年10月29日，上海财经大学社会企业研究中心联合深圳市创新企业社会责任促进中心、深圳市慈善会共同发布了《2014社会影响力投资在中国》报告，对我国社会影响力投资的状况进行了阶段性总结与展望。

2016年12月23日，"山东省沂南县扶贫社会效应债券"在中国银行间市场交易商协会完成注册，并募集了5亿元资金，募集资金主要投向沂南县扶贫特色产业项目、扶贫就业点、扶贫光伏电站、扶贫公共服务和基础设施配套等"六个一"扶贫工程，这标志着社会影响力投资的创新形式——社会影响力债券的实践正式在中国落地。[2]

---

[1] "论坛所指的社会企业是指用市场的手段解决社会问题并且以解决社会问题为首要目标的组织，论坛所指的社会投资是指兼顾社会效益和经济效益的投资或资助，包括公益创投和影响力投资。论坛认为社会企业和社会投资是多元的，包含不同的组织形态和投资模式。"参见：http://cseif.org/aboutus，2015年2月13日，最后访问日期：2017年5月13日。

[2] 参见：中国政府网，《全国首单扶贫社会效应债券在山东推出》，http://www.gov.cn/xinwen/2016-12/27/content_5153528.htm，2016年12月27日，最后访问日期：2017年4月12日。

3. 评估促进社会影响力投资标准确立

评估是社会影响力投资的重要环节，承担着控制计划、规范流程、衡量绩效等作用，为社会影响力投资活动的价值提供评判，以作为支付现金流和进行下一步规划的基本依据。

目前国际上对社会影响力的评估主要利用 GIIRS、SROI、IRIS 等评估工具，采取事后评估的方式对社会影响力投资的产出与绩效进行评定。尽管事后评估能够有效地衡量结果，但这一评估方式是建立在"投资项目成功运作直到结束"的假设上的，一旦出现投资失误，项目于起始或中间阶段衰败，事后评估也就在一定程度上失去了意义。因此，为了引导影响力投资的健康发展，应当在事前确立一定的投资对象评估标准，充分衡量投资对象的价值与潜力，以确保投资项目的顺利运转。

产生于美国的"B Corps"认证体系[①]就是一套国际上认可度较高的影响力投资标准。不过，遗憾的是，"B Corps"认证体系目前尚未能够与我国的社会企业、非营利组织发展状况相适应，国内也没有官方机构有权授予此认证，因此申请相关认证在国内的现实作用不强。

在此背景下，针对我国社会影响力投资中选择投资对象的现实困境，友成基金会结合我国公益事业、社会企业和社会影响力投资的发展现状，提出了用于认证和筛选社会影响力投资对象的"三A三力"评价标准。如图3所示，该标准体系从社会目标驱动力（Aim）、解决方案创新力（Approach）和执行效果行动力（Action）三个维度评估投资可行性。2014年，"三A三力"标准体系实现了升级，正式由定性评判转化为定量标准，实操性进一步加强。

"三A三力"标准体系的应用，为我国社会影响力投资活动中的对象选择、影响力预判等难题提供了解决措施，有力地规范并促进了社会

---

① B Corps 在我国被称为"B型企业"、"公益企业"或"共益组织"，指的是那些达到严格的社会和环境效益标准，通过 B Corps 评估体系（B Impact Assessment）考核并得到非营利组织 B Lab 授予认证的企业。具体流程为：由申请认证的企业自行填写 B Lab 提供的社会影响力评估问卷，根据得分的绝对值是否达到相应分数标准，由 B Lab 决定是否授予认证。

影响力投资活动的健康开展。

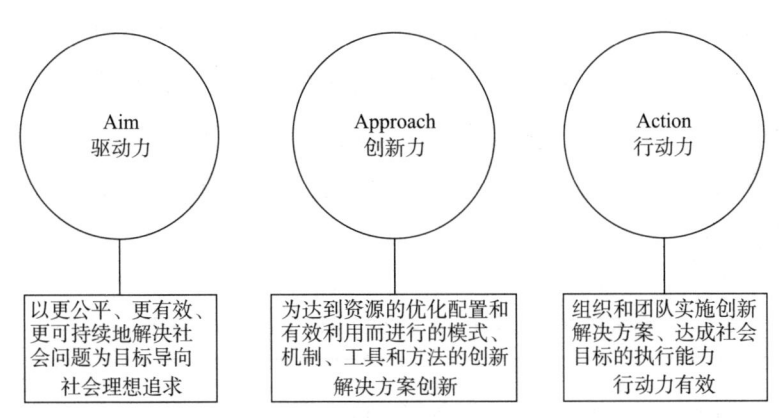

```
        Aim              Approach           Action
        驱动力             创新力              行动力
─────────────────── ─────────────────── ───────────────────
 以更公平、更有效、    为达到资源的优化配置和    组织和团队实施创新
 更可持续地解决社     有效利用而进行的模式、    解决方案、达成社会
 会问题为目标导向     机制、工具和方法的创新    目标的执行能力
 社会理想追求        解决方案创新           行动力有效
```

图 3　3A 社会价值投资标准与评价体系

资料来源：友成基金会网站，网址为 http://www.youcheng.org/project_detail.php?id=153，访问时间：2017 年 3 月 4 日。

总而言之，在我国进行社会影响力投资的机构数量日益增长，投资活动数量与投资额明显增长，评估和相关投资标准日益规范。在政策的支持与引导下，多方主体得以较为有序地参与其中，使得影响力投资市场呈现欣欣向荣的态势。

（二）中国社会影响力投资的特点

萌芽时间短、发展速度快、运作模式新等特色下的我国的社会影响力投资实践，具有以下鲜明的特点。

1. 参与主体类型丰富，投资结构有待完善

基于我国社会现实的社会影响力投资实践，产生了类型众多的主体，根据其在社会影响力链中的位置，这些主体大致可以分为四类：第一类主体位于社会影响力资本的源头，包括政府、投资批发商、慈善信托和基金会、机构投资者和银行、公司、高净值人群等；第二类主体是投资中介，包括社会银行、社区发展金融机构、影响力投资基金经理、众筹平台、评估机构等；第三类主体是需要资金的社会影响力生产者（社会影响力型组织），包括慈善机构、社会企业、兼顾利润与社会目的的企业等；第四类为社会影响力的购买者，包括政府、基金会、社会责任型的个体消费者和企业（唐娟、程万鹏、刘晓明，2016）。

单就投资机构而言，如表1所示，不论是脱胎于社会组织领域的公益型基金会，还是产生于金融领域的商业投资机构，都较为积极地参与到影响力投资的实践中来。这不仅体现了社会影响力投资活动的金融性和社会性，而且意味着社会影响力投资所倡导的跨界合作与共同参与在我国变为了现实。

表1 近年来在中国进行社会影响力投资的主要机构（截至2014年）

基金名称	成立时间（年）	发起机构	投资数（家）（中国）	已投资总额
创思	2012	Schoenfeld基金会	2	不确定
China Impact Fund	2012	世界资源研究所	4	不确定
LGT公益创投	2008	LGT基金	2	≈30万美元
SA Capital	2008	SA Capital	2	<50万美元
浩盈优世基金	2012	Avantage Ventures	3	预计≈2000万美元
岚山基金	2011	私募	7	1.6亿元人民币
北京乐平公益基金会	2008	富平学校	5	不确定
心苗基金	2009	香港新苗慈善基金	1	50万元人民币
新湖育公益创投基金	2012	新湖集团、爱德基金会育基金	2	不确定
南都公益基金会	2007	上海南都集团有限公司	不确定	不确定
友成基金会	2007	大陆和港澳台企业家发起	不确定	不确定
青云创投	2002	青云创投	>30	不确定

资料来源：《中国社会企业与社会影响力投资发展报告》，2014，第34页。

然而，从投资对象来看，社会影响力投资的对象结构出现了两个维度的失衡：首先，社会组织接受的投资规模有限，大多数资金流向社会企业以及履行社会责任的营利性企业，造成了第一个维度的不平衡；其次，在社会企业和履行社会责任的企业中，投资资金也出现了分化，大多数资金都流向知名的、业务能力较强的投资对象，新设的社会企业和营利性企业获得的支持很少，造就了第二个维度的不平衡。

2. 投资工具较多，领域有待拓宽

从投资工具来看，我国正式投入应用的影响力投资工具较多。一方面，以贸易融资、私募股权、可转换债券、IPO上市、信用担保和天使投资等为代表的纯粹金融投资形式由于在传统金融市场上的成功经验，它们在影响力投资领域中同样展露出较为强大的生命力；另一方面，结合了更多社会因素、强调社会组织和慈善机构参与的慈善捐助投资、公益创投、社会影响力债券等形式，也是重要的影响力投资工具。

就投资领域而言，国外影响力投资涉及的领域十分广泛，包括农业、教育、能源、环境、金融服务（尤其对于弱势群体）、医疗卫生等。然而，由于我国影响力投资目前尚处于萌芽阶段，并且某些行业领域存在不同高度的准入门槛，我国主要的影响力投资尝试集中在基础设施建设、扶贫开发等几个特定领域，因此，有待进一步拓宽。

3. 与社会创新结合密切，风险调控有待关注

社会影响力投资在各国都尚属新事物，如何结合社会现实，更好地将之与主权国家的社会治理相结合，使之焕发出商业的商机、显露出社会价值，是理论和实践层面的一大难点。在我国，社会影响力投资日益显现与社会创新紧密结合、成为社会创新的重要工具和手段的趋势。例如，在"双创"的政策号召下开展的社会创新奖评选、社会创新竞赛（如"挑战杯"和"创青春"系列活动中的公益创业大赛）、各级地方政府举办的社会创业活动，优胜者往往能够得到来自政府部门、公益基金会、社会投资机构的影响力投资，或得到影响力投资主体的其他支持和帮助，从而使社会创新活动通过影响力投资的行为体系衍生出新的生命力。

然而，在此过程中存在的风险与挑战同样值得注意：社会创新活动是否满足社会影响力投资的基本条件，如何调控风险和回报的关系，如何通过影响力投资推动整个社会创新领域的进步……这都是我们在未来的机遇面前，需要慎重思考的问题。

四 社会创新思维下的中国社会影响力投资展望

"影响力投资"是一种超前的概念，不仅代表着特别的投资方式或资产类型，还意味着一种新型的社会创新思维和工具，其注重顺应合作治理的思维，将多元主体整合到共同利益框架中以实现经济、社会和环境的综合价值。在我国面临经济结构调整、产业转型、环境污染带来层出不穷的社会问题的当下，运用好影响力投资这一社会创新工具，引导影响力投资市场开拓和规范，有利于基于共同目标和平等互利关系，让多元合作治理不断展现出无与伦比的价值与生命力。

（一）政府运用政策模型促进影响力投资

政府主导是整个市场稳定和发展的基石。政府参与其中，放大了经济收益的杠杆，才能更好地吸引私人部门积极参与，从而进一步扩大市场规模，改善社会福利，形成良性循环。政府应明确促进影响力投资发展的目标，通过政策推动，促进行业发展，保证关键利益相关方的介入，同时平衡与其他政策和机构的利益关系。

倡导：倡导社会价值与社会责任感。倡导更加开放接纳现代化的商业行事逻辑，强调市场活动乃至整个资本市场本身对于社会价值、环境效益的追求，在商业中实现社会责任。

鼓励：鼓励市场积极主动地寻求改变，重视创新型变革，引导投资形式、回报模式、契约规范朝着更兼收并蓄的方向发展，以改变整个市场对社会价值的态度。

赋能：积极培养和推广可创造新增就业、提升国民职业素质、改善社会福利等社会投资项目和环境友好投资项目；关注小的、非规模化项目的挑战，利用其行政资源和财政货币手段，对项目进行担保；利用补贴或免税等增信手段，降低私人部门的风险偏好，撬动整个市场资金量的增长。

整合：借助影响力投资的合约模式，整合政府、市场与社会的优势资源，整合各个利益相关方的利益诉求，激发多元主体的参与热情，促进互信合作的格局以维持社会影响力投资市场的稳定、综合价值的平衡以及社会共同治理的和谐。

发展：释放来自市场和社会的活力，在宏观调控的基础上充分放权，通过政策推进和法律规范，加强支持和引导，在促使社会影响力投资的自主性、有序性得到基本保障的同时，重视投资活动本身的自我调节能力。同时，借鉴西方国家的发展经验，鼓励相关学术和理论研究，支持各级地方政府创新形式、扶持相关产业，在理论和实践层面同时追求提升。

（二）多元主体建立影响力投资生态系统

参与主体之间的共同数据基础、经验交流和资源共享对影响力投资有重要意义（Wilson et al., 2015）。具体来说，构建较为完善的投资生态系统，即意味着搭建一个包容开放、平等稳定的合作机制，在此机制中，包含供给、需求和中介三个方面的要素，三方在约定下发挥各自的优势，并在一定程度上形成相互影响、制约、监督的稳定关系。

如图 4 所示，构建生态系统，需要注意两个关键关系。第一，三方之间的影响、制约和监督关系，即影响力投资系统在运作之前，应当确切缔结和约，制定规范，以防范信任风险和商业风险。第二，投资—回报—再投资的可持续发展关系。影响力投资是持续化运转的模式，资金的投入与经济回报只是其中很小的环节，但充足的资金却是其运作的

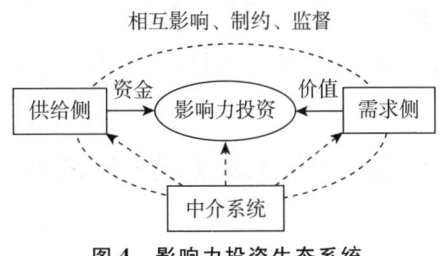

图 4　影响力投资生态系统

基本前提。为此，政府应当出台相应政策，加大扶持力度，积极对社会影响力投资进行试点和推广。

（三）中介机构完善社会影响力嵌入式评估

对社会影响力投资的评估应当转变固有的思维，追求评估的客观性与有效性。采取以中介机构（主要是第三方评估机构）为中心的嵌入式评估策略，是兼顾科学和效率的有效措施。具体而言：从评估的时间点来看，鉴于以往评估中采用的自我评估、事前、事后或阶段性评估之局限性，对社会影响力投资的价值创造和绩效应当采取第三方全程嵌入评估，即在项目的前、中、后期，以及若干个随机时点，对投资项目的成本与效益、效率与满意度进行评估，并生成评估报告；从评估的内容来看，应当形成以综合价值为核心，以战略目标为主线，以资金效率、公众评价、内部满意度为重点的评估体系；从评估的工具来看，既要借助国际上通行的影响力评估工具，也要不断结合国情对具体评估工具进行改造和提升，以更好地适应评估阶段式嵌入、全程式贯通的目标需求。

嵌入式评估的最大挑战在于成本高昂，但这一问题相对于资本总额巨大、资金流向复杂、利益相关方众多的影响力投资项目，并非不可破解的困局。完整的影响力评估过程兼顾所有利益相关方的知情权和利益诉求，因此降低成本、保证评估效能的义务应当由利益相关方共同承担。在优势互补的前提下，政府和市场有能力对此及时做出反应，从政策和供求方面对评估市场进行调整，通过扩大竞争、创新评估工具、增加相关从业人员等方法，降低评估的耗费；而社会公众则通过外部监督和质询责信手段，积极弥补评估过程中出现的疏漏。

结语：社会影响力投资的未来

未来，社会影响力投资拥有广阔的前景与市场。在越来越深入的理论的引导下，投资人、慈善家与学者们看好社会影响力投资的发展。会有更多国家和地区参与，更多投资机构产生，更多影响力投资的参与者和参与资本；会有更多样化的投资方式和工具，促进链条式发展、规模化、数字化经营；社会影响力投资能够更好地促进社会创新，激发社会活力。面对全球快速变化的经济与社会形势，研究社会影响力投资的过去、现在与未来并总结出高效、科学的投资策略，将成为全球投资人和公益人未来的一个重要探索方向。

【参考文献】

安东尼·巴格－莱文、杰德·艾默生，2013，《社会影响力投资：创造不同，转变我们的赚钱思维》，罗清亮、王曦、唐浩译，上海财经大学出版社。

陈玉路，2014，《社会影响力投资：让慈善和赚钱混搭》，《中国青年报》12月15日，第10版。

何增科，2010，《社会创新的十大理论问题》，《马克思主义与现实》第5期，第99~112页。

纪光欣、刘小靖，2014，《社会创新国内研究述评》，《中国石油大学学报》（社会科学版）第6期，第41~46页。

杰夫·摩根、张晓扬，2006，《社会硅谷：社会创新的发生与发展》，《经济社会体制比较》第5期，第1~12页。

金太军，1998，《政府失灵与政府经济职能重塑》，《经济体制改革》第2期，第32~38页。

梁宇东、房涛、朱小斌，2014，《2014社会影响力投资在中国》。

刘大洪、李华振，2005，《政府失灵语境下的第三部门研究》，《法学评论》第6期，第11~16页。

刘蕾、陈绅，2017，《社会影响力债券模式下的养老服务合作治理》，《北京行政学院学报》第4期，第101~108页。

卢德之，2015，《让资本走向共享》，华夏出版社。

上海财经大学社会企业研究中心、北京大学公民社会研究中心、21世纪社会创新研究中心、美国宾夕法尼亚大学社会政策与实践学院，2013，《中国社会企业与社会影响力投资发展报告》，博鳌亚洲论坛。

孙小乐、杨子冉，2013，《国外发展影响力投资的先进经验及其对我国的借鉴意义》，《价值工程》第 29 期，第 11 ~ 13 页。

唐娟、程万鹏、刘晓明，2016，《影响力投资及其对我国政府投资的借鉴意义》，《商业经济研究》第 8 期，第 172 ~ 175 页。

熊凤娥，2015，《社会影响力投资在我国 NPO 组织中的运用研究》，硕士学位论文，首都经济贸易大学劳动经济学院。

徐永光，2017，《公益向左，商业向右：社会企业与社会影响力投资》，中信出版社。

严俊民（Raymonl YIM chun Man），2012，*What Makes Social Enterprise Effective in Hong Kong*，硕士学位论文，香港大学社会科学研究中心。

俞宪忠，2004，《市场失灵与政府失灵》，《学术论坛》第 6 期，第 94 ~ 98 页。

虞维华，2006，《从"志愿失灵"到危机：萨拉蒙非营利组织研究疏议》，《行政论坛》第 2 期，第 92 ~ 96 页。

张康之，2012，《合作治理是社会治理变革的归宿》，《社会科学研究》第 3 期，第 35 ~ 42 页。

中国发展研究基金会、友成基金会，2016，《社会价值投资报告》。

周红云，2014，《中国社会创新的现状与问题——基于两届"中国社会创新奖"项目数据的实证分析》，《经济社会体制比较》第 4 期，第 170 ~ 183 页。

周红云，2015，《社会创新理论及其检视》，《国外理论动态》第 7 期，第 78 ~ 86 页。

Amy, L., Cheney, C, P, A, Kathryn, E, Merchant, and, Robert, Killins, Jr. 2012. "Impact Investing: A 21st Century Tool to Attract and Retain Donors," *The Foundation Review*, (4): 1 – 12.

Falkowski, M., Wiśniewski P. 2013. "Impact Investment as a New Investment Class," *Social Science Electronic Publishing*, 5 (2): 275 – 291.

Global, J. M. 2010. Impact Investments: An Emerging Asset Class. https://www.jpmorganchase.com/corporate/socialfinance/document/impact_investments_nov2010.pdf,

2017. 3. 5.

Niggemann, G., Bragger S. 2011. "Socially Responsible Investments (SRI)," *Wealth Management Research*, 2011 (8): 1 – 9.

Rangan, V. K., Appleby S., Moon L. 2012. The Promise of Impact Investing. http://s1. downloadmienphi. net/file/downloadfile 2/161/1400874. pdf, 2017. 3. 18.

Ronald Cohen R. 2014. Impact Investment: The Invisible Heart of Markets. http://www. socialimpactinvestment. org/reports/Impact% 20Investment% 20Report% 20FINAL [3]. pdf, 2016. 11. 2.

Stanfield, J. 2011. "Impact Investment in Education," *Economic Affairs*, 31 (3): 62.

William Burckart. 2015. Bring Impact Investment Down to Earth: Insights for Making Sense, Managing Outcomes, and Meeting Client Demand. https://www. valuewalk. com/wp-content/uploads/2015/06/2015-MMI-Impact-Investing-Key-Findings-FINAL-6. 4. 15. pdf, 2017. 5. 16.

Wilson, Karen E., Silva, F., Ricardson, D. 2015. *Social Impact Investment: Building the Evidence Base*. Social Science Electronic Publishing.

公平贸易社会企业：发展历程、多元特征与治理逻辑*

李 健 郭静远**

摘　要： 作为连接弱势生产者和消费者的贸易主体，公平贸易社会企业不仅仅构成社会企业的重要组织类型，更在整个公平贸易体系中居于核心位置。本文通过回溯公平贸易发展的"四次浪潮"，界定公平贸易社会企业的概念内涵，并从经济、社会和政治三个维度探讨公平贸易社会企业的多元特征及相应的治理逻辑。公平贸易社会企业尽管肇源于欧美发达国家，但对我国对外出口、对内扶贫和贸易实践倡导等方面也有借鉴意义。

关键词： 公平贸易社会企业　发展历程　多元特征　治理逻辑

---

* 基金项目：国家社会科学基金青年项目"互嵌式民族社区异质性与族际融合关系研究"（项目编号：15CMZ024）；北京市优秀人才拔尖青年人才项目"政府购买社会组织服务模式选择研究"（项目编号：2015000026833ZS08）；中央民族大学校级创新引智计划。

** 李健，中央民族大学管理学院副教授，主要从事社会组织、社会企业研究，E-mail：bichenfei@163.com。郭静远，女，中央民族大学管理学院学生，主要从事社会企业研究。

一 引言

公平贸易是一个基于对话、透明及相互尊重的贸易伙伴关系，旨在追求国际贸易的更加公平性，以提供公平的贸易条件及确保被边缘化的劳工及生产者的权益为基础，致力于永续发展的专案活动（Moore，2004）。从世界范围来看，公平贸易起步虽晚，但发展十分迅速。2015年公平贸易的全球销售额达到73亿英镑，在74个国家中有1226个经公平贸易认证的生产者组织，超过1650万名的农民和劳动工人加入了公平贸易组织（FLO，2016）。从我国来看，自2001年江西大鄣山有机茶农协会获得国际公平贸易认证以来，包括乐创益、翡翠贸易、笃挚优游、益飨沙龙等在内的众多机构都陆续加入或转型为公平贸易。与此同时，我国学者曲如晓和赵方荣（2009）、任迎伟和林海芬（2009）等人也开始关注这一新兴事物，并涌现出许多有价值的研究成果。然而，已有研究囿于国际贸易的单一学科视角，更多关注公平贸易相对于一般商业贸易活动的差异性，而处于公平贸易体系核心位置的组织——公平贸易社会企业——却始终游离于研究者的视线之外。事实上，公平贸易的有效运行离不开公平贸易社会企业的支撑。公平贸易社会企业不仅在理念上充分体现出公平贸易的核心要义，还在实践中承担了公平贸易的进口、分销和认证工作，是联结弱势生产者和成熟市场的桥梁。

为此，本文从组织理论出发，采用文献研究法透视公平贸易社会企业的发展历程、多元特征及治理逻辑，并剖析公平贸易社会企业带给我国的实践启示，以期促进公平贸易在我国的顺利发展。

二 公平贸易社会企业的发展历程

公平贸易社会企业的形成是在公平贸易不断发展和分化中出现的，而公平贸易运动的历史进程解释了公平贸易组织的这种分化（Huybrechts & Defourny，2008）。Poos（2008）曾形象地用"三次浪潮"来区分公平贸易社会企业的发展历程，在其研究基础上，我们考虑到不同性质组织实体在参与公平贸易过程中的阶段性差异，进一步将其细化为"四次浪潮"。

（一）第一次浪潮：非政府组织和慈善组织作为先驱者

学者普遍认为公平贸易的起源可以追溯到第二次世界大战之后，一些非政府组织和宗教背景的慈善组织所从事的手工艺品进口和分销活动（Diaz Pedregal，2007；Moore，2004；Nicholls & Opal，2005；Raynolds et al.，2007）。英国乐施会、荷兰 SOS Wereldhandel、门诺教会等组织都是早期从事公平贸易的典型代表。对于英国乐施会及其他一些非政府组织而言，主要通过开展贸易活动赚取收入从而为其他类型的发展性活动提供资金，出售产品的生产者也不必然是非政府组织的服务对象（Gendron et al.，2009）；而对于那些有宗教背景的慈善组织而言，其目的不在于满足消费者的需求，而是对生产者的帮助，更接近于捐助形式的活动。但无论非政府组织还是慈善组织，这一阶段的公平贸易仅占其活动内容的很小一部分（Anderson，2009；Tallontire，2000），体现为偶尔、单纯和片面的商品输出，整个贸易链上也缺乏明确分工。"公平贸易"的概念也不甚清晰，诸如"慈善贸易"（charity trade）、"团结贸易"（solidarity trade）、"发展贸易"（development trade）、"非传统贸易"（alternative trade）等概念也往往被用来描述这一阶段的贸易活动（Low & Davenport，2005）。

（二）第二次浪潮：商业企业的涌入

进入 20 世纪 60～70 年代，随着激进主义和反对新帝国主义运动的风起云涌，"贸易，而非援助"（Trade not Aid）的理念打破了以往以捐助为目的的救济模式，受非政府组织商业化的启发，一些原本从事贸易的商业企业开始加入公平贸易。在这一时期，公平贸易伙伴建立了清晰的规则并且出现了专门致力于这一目标的组织，它们被称为非传统贸易组织（Alternative Trading Organizations，ATOs）。在这一阶段，非传统贸易组织在运作方式、内部构成等方面都发生了重要变化。具体而言：一是非传统贸易组织的商业活动职能逐渐扩大，最终逐渐涵盖了包括进口、转手、分销等的所有贸易经济职能（Huyberchts & Defourny，2010）；二是在手工艺品之外，以咖啡为代表的农作物被作为公平贸易对象，公平贸易商品的范围逐渐扩大；三是随着多元贸易主体的涌入，非传统贸易组织内部产生分工，出现了专门售卖公平贸易产品的店铺，包括"第三世界商店"、"一个世界商店"和"世界商店"等。虽然世界商店模式促进了公平贸易的发展，但从理论上来说，这一时期的贸易思想比较激进，认为公平贸易与传统贸易是相互对立的，试图在占主流的传统市场之外，通过世界商店来寻找另外一个替代性的市场。这种思想限制了公平贸易商品的市场化及广泛普及。虽然世界商店融入了商业元素，但也以非营利组织为主，依靠志愿者来运营，目标是砍掉商业链中中间商的贱买贵卖，为生产者提供公平价格，让发展中国家的生产者和发达国家的消费者之间的贸易活动更为公平和直接。

（三）第三次浪潮：标签组织与主流化

自 20 世纪 80 年代起，为解除公平贸易因品质、运营和销售渠道限制带来的销量下滑及生产者要求其产品进入主流市场的双重压力，首家公平贸易标签组织 Max Havelaar 于 1988 年在荷兰成立，在这之后，其他国际公平贸易标签组织也相继涌现，这些组织通过为公平贸易组织授予专门的商标推动公平贸易的发展。公平贸易国际组织在其文件中使用"公平贸易组织"（Fair Trade Organizations，FTOs）一词，这一时期广泛使用的概念还包括较为中性的"公平贸易公司"（Davies & Crane，2003）、"公平贸易商业"（Reed et al.，2010）等。公平贸易标签的出现意味着公平贸易运动转移了早先试图在传统贸易外另行建构一种截然不同的商业模式的意图，选择进入主流市场渠道。公平贸易标签组织通过外部认证主体而不是进口商或分销商自己来检查产品是否达到公平贸易标准，使公平贸易部门向所有商业企业开放。正因如此，公平贸易标签组织一经出现便获得了巨大的成功，它不仅大大加快了公平贸易市场化、商业化和主流化的步伐，也使得公平贸易参与者趋于多元化，公平贸易商品的贸易额也随之上升（Moore et al., 2006）。在标签组织产生积极影响的同时，公平贸易也划分为两个主要阵营（Moore, 2004；Nicholls & Opal, 2005；Renard, 2003）：前者是"守旧派"，整合了非政府组织和世界商店的系统，面向敏感消费者出售商品，由国际公平贸易协会（International Fair Trade Association, IFTA）网络所代表；后者是"主流派"的标签系统，包括超市以及其他一些非专卖的商店，主要销售国际公平贸易标签组织（Fairtrade Labeling Organization International, FLO）认证的产品。第一阵营由手工艺生产者和进口商组成，通常具有激进、政治化或理想化的公平贸易愿景；第二阵营主要处理食品等公平贸易产品，更加关注公平市场的扩张以及生产者生活条件的改善，其愿景通常带有商业化或务实的特点。

（四）第四次浪潮：公平贸易社会企业占据核心

进入20世纪90年代，公平贸易组织进一步多元化，公平贸易的组织图景也越发复杂和分化（Becchetti & Huybrechts, 2008；Gendron et al., 2009；Huybrechts, 2010），它们通过改变原有的组织形式和实践，与市场伙伴开展贸易活动。大部分公平贸易组织在这一过程中由非政府组织转为合作社、有限公司或非营利与有限责任公司合作形式。其他一些公平贸易组织仍为非政府组织，但遵守商业公司的会计和税务规则。与此同时，新兴的"100%关注公平贸易"企业也开始大量涌现，它们并不属于传统的公平贸易系统，这些企业被称为"公平贸易第四次浪潮"的主力军。它们通常关注特定的产品或创新型的分销渠道，比如B2B、互联网或社群营销。产品可能是认证的，也可能不是；分销渠道既可以是主流的，也可以是专门的或者两者兼而有之。这些企业关注公平贸易却并不代表国际公平贸易网络，它们希望更多参与到本地、区域或国家层面的公平贸易网络，并与其他一些诸如有机食品、本地供应链或整合型的低技能劳动者建立链接（Gateau，2008）。

在第四次浪潮的冲击下，尽管上述两种阵营的划分依然有效，但已经不能充分地捕捉公平贸易图景的复杂性和分化性，特别是当考虑到国家背景因素时。实际上，在 FINEs 的推动下①，大量公平贸易社会企业同时与整合型和标签系统相联系（Raynolds & Long，2007）。在相同的方式上，早期公平贸易先驱者创立的企业，比如 Agrofair、Cafedirect 或 Divine Chocolae，都有较强的主流地位并且同时也是 IFAT 的会员。这种主流地位与社会身份的结合被称为"激进的主流化"（Doherty & Tranchell，2007；Low & Daveport，2005）。Huyberchts（2010）把那些将公平贸易作为核心活动的组织定义为社会企业。从范围上看，公平贸易社会企业不仅包含第一阵营中的绝大多数组织以及第二阵营中排除掉超市或那些仅有部分产品获得公平贸易认证的企业，还包括新兴的虽可能未获得标签认证却"100%关注公平贸易"的组织。

通过梳理公平贸易社会企业的发展历程，不难看出，公平贸易不仅很早就采取了社会企业的形式，而且其发展对形塑社会企业概念也做出了重要贡献。表 1 显示了不同阶段公平贸易社会企业的相关范畴，为我们进一步提供了直观的对比结果。

表 1 公平贸易社会企业的发展历程

	第一次浪潮	第二次浪潮	第三次浪潮	第四次浪潮
时间范围	20 世纪 40~50 年代	20 世纪 60~70 年代	20 世纪 70~80 年代	20 世纪 90 年代至今

---

① FINEs 是由 FLO（Fairtrade Labeling Organization International），IFAT（International Federation for Alternative Trade），NEWS（Network of European）！和 EFTA（European Fair Trade Association）等四家公平贸易伞状组织在 1998 年组成的一个非正式网络，主要目标是围绕公平贸易的原则和导向达成最低限度的一致性。

续表

	第一次浪潮	第二次浪潮	第三次浪潮	第四次浪潮
贸易主体	非政府组织	商业企业及非营利组织附属子公司	标签组织	新兴100%关注公平贸易的企业
常用概念	慈善贸易，团结贸易，发展贸易，非传统贸易	非传统贸易组织	公平贸易组织	公平贸易社会企业
内涵范畴	非营利组织商业化	商业企业履行社会责任	非营利组织商业化及商业企业履行社会责任	非营利组织商业化、商业企业履行社会责任及新兴100%关注公平贸易的企业
基本特征	非传统贸易	非传统贸易	主流贸易	公平贸易与主流贸易合作

三 公平贸易社会企业的多元特征

公平贸易社会企业具有多个特征，这些特征由公平贸易运动的多重任务和全球贸易的复杂程度决定，概括来说，经济特征、社会特征和政治特征构成公平贸易社会企业的三个基本特征。

（一）经济特征

经济特征，比如贸易活动，将公平贸易社会企业与传统的发展型非政府组织相区别。从经济特征角度看，自公平贸易的发展阶段起，商业即是公平贸易活动的主要形式，公平贸易社会企业在运作过程中依靠市场化机制实现组织目标，市场化程度的高低与公平贸易社会企业的影响力大小紧密相关（Nicholls & Opal，2005）。但除了商业手段的运用外，经济特征还包括第二层含义，即为了实现可持续经营，公平贸易社会企业的收入构成中要有来自商品和贸易的稳定收入，而不是全部依靠捐赠。当然这一规定更多是针对非政府组织而言，对于企业背景的社会企业，通常还会特别限定利润分配的比例。

（二）社会特征

无论是更加具有非政府组织导向还是企业导向，公平贸易社会企业都有以下明显的特征：基本的社会使命，利润分配的限制，专注于创新，至少在某种程度上的自我可持续。其中，社会使命是公平贸易社会企业活动的本质，与死板地遵循公平贸易认证的相关标准不同，公平贸易社会企业排除了那些仅将公平贸易作为部分经营活动的组织。社会特征将社会企业与传统商业相区别。社会目标既包括造福于社区，也包括为公众创造社会价值。对于公平贸易社会企业而言，这一社会目标是为生产者提供"更好的交易"。事实上，公平贸易社会企业不仅仅为生产者提供了更多的收入，促进了公平贸易生产者的公平发展，包括促进性别平等和种族平等，更赋权给它们并且为其所在社区提供杠杆化发展机会（Cyrus，2015）。

（三）政治特征

政治特征是公平贸易社会企业与其他公平贸易组织相区别的基本属性（Nyssens，2006）。从政治特征角度看，公平贸易起源于反对现有的世界贸易体系，建立一个平行于现有贸易体系的非传统贸易意图，部分公平贸易社会企业通过游说当局和揭露不道德贸易行为来进行宣传。有学者认为，由于这些教育和监管行为不是针对特定的生产者，而是整个经济系统，因此这类公平贸易社会企业的活动重点可被视为政治性的（Huybrechts & Defourny，2008）。尽管所有公平贸易社会企业看起来在经济和社会特征的结合上都大同小异，但对于政治特征，公平贸易社会企业却有着不同的行动方式。相对于新进入者，先驱型的公平贸易社会企业通常以一种更成熟且清晰的方式运行教育和倡导类活动。最为柔性的政治行为是改变敏感消费者的消费习惯。公平贸易社会企业，特别是那些先驱者倾向于开展大规模的公平贸易运动。当然，一些新兴的公平贸易社会企业也有意愿参与消费者教育,但程度偏弱,所采取的形式也有所不同。另一种形式的政治行为,主要是游说政府制定更加公平的贸易政策并促进公平贸易主流化,通常由公平贸易社会企业先驱者开展。

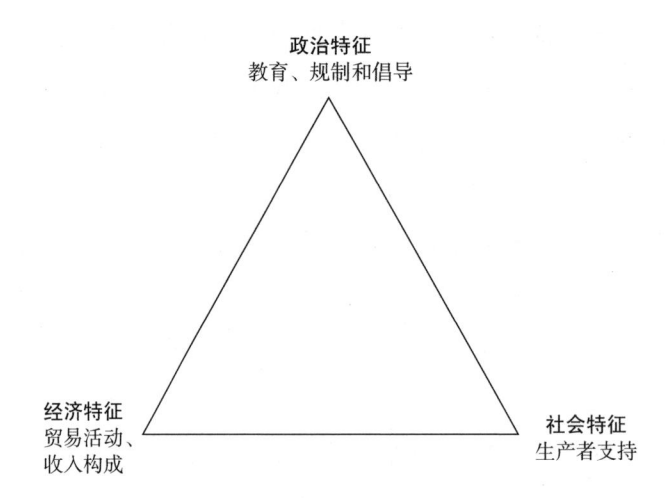

图 1 公平贸易社会企业的基本特征

（政治特征：教育、规制和倡导；经济特征：贸易活动、收入构成；社会特征：生产者支持）

图 1 显示了公平贸易社会企业在政治、经济和社会三个方面的基本特征。在公平贸易社会企业的实践中,这三个特征内部相关联并且经常难以区分（Wilkinson, 2007）。在某种程度上,公平贸易社会企业与社会企业的概念非常相近,特别是那些强调目标、资源和利益相关者等混合特征的社会企业（Nyssens, 2006; Peattie & Morley, 2008）。然而,对于不同的公平贸易社会企业,上述三个维度的优先权不一样。比如,从事进口业务的公平贸易社会企业相对于从事分销业务的社会企业,与生产者的联系就更紧密,可能在其目标中给予生产者更多的支持。反过来,一个世界商店网络因为与消费者有直接联系,相对于仅仅从事进口和批发业务的公平贸易社会企业而言,更倾向于参与教育活动。有学者认为,公平贸易社会企业存在专注于某一特定特征的倾向性（Wilkinson, 2007）。一方面,在公平贸易主流背景下,大量公平贸易社会企业专注于发展新的分销渠道,进而去触及那些新的、较少被关注的消

费者（Moore et al., 2006），这可能会导致其更加关注经济维度。另一方面，一些公平贸易社会企业的先驱者，比如乐施会，把交易活动交给其他合作方，自身专注于教育和倡导。这种专业化可能会导致一种结果，即经济、社会和政治特征很难同时并存于同一组织。

与参与公平贸易的其他组织相比，公平贸易社会企业的政治特征成为它们之间的明显区别。其他主体，如公平贸易生产者组织，这些组织虽参与公平贸易，但不把改变现有的世界贸易格局作为其公平贸易的出发点，同时较少参与基于这一政治目的的其他政治宣传活动。这一政治行动在组织运营中的重要性显著地区分了公平贸易社会企业和参与公平贸易的其他组织。

与其他的社会企业相比，公平贸易社会企业的特殊性在于其社会价值嵌入产品和服务之中。因此，公平贸易社会企业被视为"嵌入型社会企业"的典型。公平贸易社会企业的社会目标被嵌入到其提供收入的活动中，即销售公平贸易商品的活动中，而非像其他的社会企业一样为了社会目标创造收入，但却不重点考虑如何赚取收入。

四 公平贸易社会企业的治理逻辑

由于公平贸易社会企业包含多样化的组织形态及多个维度的特征，实现上述维度的结合客观上要求创造出特定的治理结构。治理结构作为一种控制工具，是针对组织功能和由会员大会和理事会构成的治理主体进行的合约性分析，并试图解释不同组织形式下组织目标、活动、资源与治理结构之间的联系。在传统合约视角下，治理结构通常是为了解决所有者和管理者之间的委托代理问题，但在公平贸易社会企业中，理事会的控制首先意味着要实现什么目标，是经济绩效，是对生产者的影响，还是公众倡导？另外，控制还取决于谁是委托人。为此，Huybrechts（2010）在 Cornforth（2003；2004）的研究基础上，将公平贸易社会企业治理模式区分为三种：管理者或投资者模式、志愿者为主模式和利益相关者模式。此三种治理模式,可透过链接整合成为不同的管理结构,根据公平贸易社会企业的各项活动确定组织目标与资源使用的优先级。

(一) 管理者或投资者模式

管理者或投资者治理模式通常由 1~2 个人出资创立,他们往往也负责组织的经营管理。这种治理模式大多数是创业型组织,亲戚和朋友都会参与其中,投资者控制组织的决策权。理事会的规模很小,其作用和功能被虚化,或者在管理者的控制之下,因为管理者担心失去对组织的控制或决策过程的低效,其他利益相关者的参与性较低或者根本不发挥作用。这种治理模式好比"盖章签字"(rubber stamps)的形式化治理,管理者有较大的操纵空间,但也限制了公平贸易社会企业的发展。投资者限制了机构的融资规模,也造成机构缺少开展公平贸易活动所需要的不同维度的专业支持。对管理者行为的低约束与机构层面的建议相抵触,可以预期这种模式即便不存在欺诈行为,其运营也是低效的。

(二) 志愿者为主模式

在志愿者为主的治理模式下,在小规模的公平贸易社会企业中,所有志愿者自动成为会员大会的成员,并通过这一主体发挥治理作用。在一些规模较大的公平贸易社会企业中,包括雇员或合作关系的非政府组织等利益相关者也会参与其中,但整个组织依然是由志愿者主导的。由于志愿者人数众多,无法参与到所有事项的决策中,通常每个单位派出两位代表参与会员大会。理事会成员通常按照地区进行选拔,从而能够保证不同地区的志愿者的参与度。志愿者为主的公平贸易社会企业通常具有较高的参与性和先进的民主决策过程,这一类公平贸易社会企业的理事会通常规模比较庞大,缺点是决策过程比较低效,特别是在大多数志愿者比较缺乏专业性的商业领域,因而这一治理模式下的公平贸易社会企业在社会政治维度上表现出色，但在商业发展上进展缓慢。

（三）利益相关者模式

利益相关者参与治理是公平贸易社会企业支持者所声称的一大优势。公平贸易社会企业的利益相关者较为广泛，包括生产者、客户、工人、企业、非政府组织和政府等，不同的公平贸易社会企业中利益相关者的参与也呈现不同的程度。从实践情况来看，需要区分两种路径的利益相关者治理模式。第一种是管理者和理事会成员代表了不同的利益相关者，这种治理模式更类似于管家模式而不是代理模式。换句话说，多元利益相关者被认为是管理者的伙伴，贡献他们的专业特长和资源到集体事业中。第二种是由志愿者为主的慈善组织形式发展为集团结构的公平贸易社会企业，慈善组织的部分依然采取志愿者管理，商业实体部分则由具有专业特长的利益相关者负责管理。在志愿者代表的民主治理和商业导向的利益相关者的专长治理之间存在着普遍张力（Mason & Doherty, 2016）。前者担心失去对经济活动的控制，后者抱怨志愿者的参与降低了商业范畴的决策效率（Cornforth, 2004）。

上述三种治理模式各有优长，适用于不同的组织目标和类型。Huybrechts（2010）发现由单个企业家或一个管理者以及少数投资者控制的公平贸易社会企业通常具有较高水平的经济参与及较低层次的政治参与。志愿者为主治理的公平贸易社会企业，政治参与和政治目标通常比经济维度要高。那些利益相关者治理的公平贸易社会企业在经济和政治维度上都保持了较高参与度。

五 公平贸易社会企业的实践启示

公平贸易在全球范围内的兴起与发展深刻影响了世界贸易格局，然而，公平贸易所带有的理想主义情怀也使其存在很多争论。对公平贸易社会企业的探讨，不仅能带来有关公平贸易的深刻洞见，还可以帮助我们重新思考公平贸易社会企业的现实意义及发展路径。

（一）助力扶贫攻坚战略的实现

从公平贸易联结生产者的角度出发，公平贸易社会企业可有效助力我国当前实施的扶贫攻坚战略。首先，公平贸易社会企业联结生产者群体，形成规模效应，再通过贸易手段为处于弱势的生产者提供更高的收入，实际上为生产者提供了自我造血能力；其次，公平贸易社会企业为生产者提供进入主流市场或"非传统"分销渠道的途径，即为生产者的产品打开市场，通过与市场伙伴开展广泛合作，吸引其他市场主体进入到扶贫领域当中；再次，公平贸易社会企业为弱势农民和手工生产者提供技术支持，包括提供经营发展指导、贸易信息、质量标准建议以及新技术培训等，从根本上保证并提高产品的质量和技术水平；最后，在返还社会溢价给生产者后，公平贸易社会企业还可以对生产者就如何支配社会溢价进行指导，从而长远改善生产者所处的贫困境况。比如我国第一家获得认证的公平贸易社会企业婺源县大鄣山有机茶农协会，截至 2012 年已累计获得返还的社会溢价 500 多万元。通过民主决策，大鄣山有机茶农协会决定将由公平贸易获得的社会溢价投入经营发展、教育培训、金融服务和社会公共事业建设，成功地引领农民走向快速致富之路。

（二）促进传统企业贸易理念转变

随着公平贸易市场的扩大，传统企业逐渐意识到公平贸易市场具有的经济价值和社会价值（Stefańska & Nestorowicz, 2015）。公平贸易社会企业促成其所在行业的传统企业参与到公平贸易，成为促进传统商业企业贸易理念转变的催化剂。出于争夺更大市场份额和维护企业形象的双重目的，越来越多的传统企业或直接参与公平贸易，或通过企业社会责任以回馈社会，树立企业积极的社会形象。一些市场占有率较高的公平贸易社会企业如 Divine 巧克力和 Cafedirect 都对其所在的行业形成了冲击；这些传统行业的主流企业纷纷在其营销策略、零售和转售上借鉴公平贸易的经验，并效仿公平贸易的经营模式（Doherty & Tranchell，2013）。在公平贸易社会企业的影响和推动下，传统企业不仅积极参与公平贸易活动，还日益重视其品牌形象中的社会属性。如雀巢公司在2006年推出自己的公平贸易咖啡品牌Partners Blend；玛氏食品决定为自己在英国和爱尔兰的银河巧克力品牌认证雨林联盟道德标签，好时在美国公平贸易组织的帮助下建立可持续供应链（Walske & Tyson，2015）。

（三）帮助国内产品打开国际市场

面对贸易壁垒高筑、国外对我国出口产品高举反倾销大旗，以及发达国家提供高额补贴等形势；加上我国企业融资渠道不畅、竞争力不强以及生产者素质较低等缺陷，我国农产品和部分手工业产品出口正经受严峻的考验。在这一背景下，公平贸易社会企业对于我国传统产品打开国际市场销路具有重要意义。对于从事公平贸易的传统非营利组织和工商企业，我们可以引导其向公平贸易社会企业转型，并积极申请国际公平贸易标签组织的认证，借由国际认证和国际公平贸易网络，帮助中国传统产品打开国际销路。由于国际公平贸易标签组织倾向于与非政府组织合作，为此，我国公平贸易社会企业适合以组建协会的形式获得国际公平贸易标签组织的认证。以湖北恩施宣恩县万寨乡玉露茶叶协会为例，该协会通过申请获得国际公平贸易标签组织的认证而使产品打入国际市场，迄今为止，协会出口各类产品到欧盟、美国、日本等发达国家和地区共160余吨。除了茶叶之外，我国的瓷器、丝绸以及其他一些"非遗"产品都适合通过公平贸易方式进入国际市场。

（四）倡导传统生产与贸易体系新实践

如今，公平贸易社会企业的活动早已超出了国家或地区的横向扩张，并开始向生产、交换和消费层次纵向延伸，而这一过程也将深刻影响传统的生产与贸易体系。首先，公平贸易社会企业鼓励对环境有益的可持续耕种和生产模式，如使污染、杀虫剂和除草剂减到最少的一体化耕种管理系统，主张有机农业技术，并禁止使用大多数有害的杀虫剂等，有利于环境的改善（Hulm & Kasterine，2006）；其次，公平贸易社会企业鼓励采购和交易环节保障农民和小手工业者的利益，其自身对利润分配的限制也保证了贸易的公平性；最后，公平贸易社会企业教育和倡导社会公众从事道德消费，创造社会价值，倒逼企业重视商业伦理，放弃短期的牟利行为（Ladhari & Tchetgna，2015）。当前我国食品安全问题层出不穷，贸易流通环节盘剥过多，消费者与商家之间信用机制混乱，公平贸易社会企业的发展不仅有助于倡导建立公正的生产与贸易规制体系，为其他贸易活动参与者树立榜样，还通过改变消费者道德意识影响其购买决策。

正如尼克尔所言，公平贸易是社会企业家精神最有代表性的范例之一（Nicholls，2010）。公平贸易社会企业在全球范围内的崛起已向我们证明了这一新生事物不可忽视的重要性，我国处于转型时期的制度背景为公平贸易社会企业的发展提供了良好的试验场。不难预见，公平贸易社会企业的数量会继续增加，规模和涉及范围会继续扩大，其在对外贸易、对内扶贫和安全生产等方面的作用会进一步彰显。但与此同时，我们也要认识到，无论公平贸易还是社会企业的理念传播在我国才刚刚开始，公平贸易社会企业的实践探索也初露端倪，公平贸易在我国的发展任重而道远。

【参考文献】

曲如晓、赵方荣，2009，《国际公平贸易运动：一个南北贸易的新潮流》，《国际贸易问题》第1期，第123~128页。

曲如晓、赵方荣，2009，《公平贸易运动：全球化背景下更具社会经济责任的贸易潮流》，《国际经济合作》第1期，第46~50页。

任迎伟、林海芬，2009，《道德消费理论视角下的国际公平贸易运行机制研究》，《当代财经》第 3 期，第 96~102 页。

Anderson, M. 2009. "Cost of Cup of Tea: Fair Trade and the British Co-operative Movement, c. 1960 – 2000," in L. Black, N. Robertson (eds.), *Consumerism and the Co-operative Movement in Modern British History*. Manchester: Manchester University Press.

Becchetti, L. and Huybrechts, B. 2008. "The Dynamics of Fair Trade as a Mixed-form Market," *Journal of Business Ethics*, 81 (4): 733 – 750.

Cyrus T L. 2015. "The Cultural and Political Intersection of Fair Trade and Justice: Managing a Global Industry," *Eastern Economic Journal*, 41 (3): 459 – 460.

Cornforth, C. 2003. "Introduction: The Changing Context of Governance-Emerging Issues and Paradoxes," in C. Cornforth (ed.), *The Governance of Public and Non-Profit Organisations: What Do Boards do*? London & New York: Routledge.

Cornforth, C. 2004. "The Governance of Cooperatives and Mutual Associations: A Paradox Perspective," *Annals of Public and Cooperative Economics*, 75 (1): 11 – 32.

Doherty B. 2013. Tranchell S. "Radical mainstreaming of Fair Trade: the Case of The Day Chocolate Company," *Equal Opportunities International*, 26 (26): 693 – 711.

Davies, I. A. and Crane, A. 2003. "Ethical Decision Making in Fair Trade Companies," *Journal of Business Ethics*, 45 (1): 79 – 92.

Diaz Pedregal. 2007. V. *Le commerce équitable dans la France contemporaine*. Paris: Idéologies et pratiques, L'Harmattan.

Doherty, B. and Tranchell, S. 2007. "Radical Mainstreaming of Fair Trade: The Case of The Day Chocolate Company," *Equal Opportunities International*, 26 (7): 693 – 711.

FLO. 2016. FLO Annual Report 2015 – 2016. Bonn: FLO.

Gateau, M. 2008. Quelle(s) strate'gie(s) de distribution pour les produits e'quitables? Le cas Franc, ais ou la difficile alliance entre logique militante et logique commerciale', *E'conomie et Solidarite's*, 37 (2): 109 – 122.

Gendron, C. Bisaillon, V. and Rance, A. 2009. "The Institutionalization of Fair

Trade: More than Just a Degraded Form of Social Action," *Journal of Business Ethics*, 86 (1): 63 – 79.

Hulm P. and Kasterine A. 2006. "Browne S. Fair Trade," *International Trade Forum*. 90 (291): 8 – 13.

Huybrechts B. 2010. "The Governance of Fair Trade Social Enterprises in Belgium," *Social Enterprise Journal*, 6 (2): 110 – 124.

Huybrechts, B. and Defourny, J. 2008. "Are Fair Trade Organizations necessarily Social Enterprises?" *Social Enterprise Journal*, 4 (3): 186 – 201.

Huybrechts, B. and Defourny, J. 2010. *Exploring the Diversity of Fair Trade Social Enterprises*. Belgium: EMES Report.

Low, W. and Davenport, E. 2005. "Postcards from the Edge: Maintaining the 'Alternative' Character of Fair Trade," *Sustainable Development*, 13 (3): 143 – 153.

Ladhari R. and Tchetgna N M. 2015. "The Influence of Personal Values on Fair Trade Consumption," *Journal of Cleaner Production*, 87 (6): 469 – 477.

Moore, G. and Gibbon, J. and Slack, R. 2006. "The Mainstreaming of Fair Trade: A Macromarketing Perspective," *Journal of Strategic Marketing*, 14 (4): 329 – 352.

Moore, G. 2004. "The Fair Trade Movement: Parameters, Issues and Future Research," *Journal of Business Ethics*, 53 (1): 73 – 86.

Mason C. and Doherty B. 2016. "A Fair Trade-off? Paradoxes in the Governance of Fairtrade Social Enterprises," *Journal of Business Ethics*, 136 (3): 451 – 469.

Nicholls, A. and Opal, C. 2005. *Fair Trade. Market-driven Ethical Consumption*. London: Sage Publications.

Nicholls, A. and Opal, C. 2005. *Fair Trade. Market-driven Ethical Consumption*. London: Sage Publications.

Nyssens, M. 2006. *Social Enterprise: At the Crossroads of Market, Public Policies and Civil Society*. New York: Routledge.

Nicholls A. 2010. "Fair Trade: Towards an Economics of Virtue," *Journal of Business Ethics*, 92 (2): 241 – 255.

Poos. 2008. S. *Le commerce équitable en. Fair Trade Centre-Coopération Technique Belge*,

Bruxelles.

Peattie, K. and Morley, A. 2008. "Eight Paradoxes of The Social Enterprise Research Agenda," *Social Enterprise Journal*, 4 (2): 91 - 107.

Raynolds, L. T. and Murray, D. L. and Wilkinson, J. 2007. *Fair Trade. The Challenges of Transforming Globalization*. London: Routledge.

Reed, D. Thomson, B. Hussey I. and Lemay, J. F. 2010. "Developing a Normatively Grounded Research Agenda for Fair Trade: Examining the Case of Canada," *Journal of Business Ethics*, 92 (2): 151 - 179.

Renard, M. C. 2003. "Fair Trade: Quality, Market and Conventions," *Journal of Rural Studies*, 19 (1): 87 - 96.

Raynolds, L. T. and Long, M. A. 2007. "Fair/Alternative Trade: Historical and Empirical Dimensions," in L. T. Raynolds, D. L. Murray and J. Wilkinson (eds.), *Fair Trade: The Challenges of Transforming Globalization*. London: Routledge.

Stefańska M. and Nestorowicz R. 2015. *Fair Trade in CSR Strategy of Global Retailers*. Palgrave Macmillan.

Tallontire, A. 2000. "Partnerships in Fair Trade: Reflections from a Case Study of Cafédirect," *Development in Practice*, 10 (2): 166 - 177.

Wilkinson, J. 2007. "Fair Trade: Dynamic and Dilemmas of a Market Oriented Global Social Movement," *Journal of Consumer Policy*, 30 (3): 219 - 239.

Walske J. and Tyson L D. 2015. "Fair Trade USA: Scaling for Impact," *California Management Review*, 58 (1): 123 - 143.

中国慈善超市的社区嵌入式发展路径探析[*]

杨永娇　张蕴洁[**]

摘　要：激发社会组织活力、创新社会治理体制是当前全面深化改革的重大主题之一。我国慈善超市的发展面临诸多困境，而根据经济社会学中的"嵌入"理论启示，突破困境的关键在于围绕社区和慈善超市的二元共生关系，立足社区发展，提高慈善超市对社区资源的吸纳能力和整合能力，增强社区嵌入性。基于中西方慈善超市在社区结构嵌入、认知嵌入和文化嵌入方面的经验，本文认为本土化的社区嵌入型慈善超市发展可从环境嵌入性、组织间嵌入性和双边嵌入性进行探索，进而推动慈善超市发挥社区建构功能。这将有助于推动我国慈善超市朝真正意义上的现代慈善超市转型，优化社会

---

[*]　基金项目：国家社会科学基金重大项目"我国城市社区建设的方向与重点研究：基于治理的视角"（项目编号：15ZDA046）；民政部 2016 年度慈善事业创新和发展理论研究部级课题"慈善超市运营机制创新研究——基于社区资源整合视角"（项目编号：2016MZRJ022 - 13）。

[**]　杨永娇，中山大学社会学与人类学学院副研究员，研究方向为公益慈善、社会组织与社会政策；E-mail：yangyj29@ mail. sysu. edu. cn。张蕴洁，中山大学社会学与人类学学院硕士生，研究方向为社区治理和城市社会学。

治理和社区治理。

关键字： 嵌入　慈善超市　社区　组织　治理

党的十八届三中全会对深化社会体制改革做出了全面部署，强调要创新社会治理体制，改进社会治理方式，激发社会组织活力。社区社会组织是我国目前最贴近民众、与民生服务最相关的社会组织之一，在全面深化社会体制改革进程中扮演着重要角色。2016年8月，中共中央办公厅、国务院办公厅印发《关于改革社会组织管理制度促进社会组织健康有序发展的意见》[①]，特别对社区社会组织的健康有序发展提出了指导意见，要求大力培育发展社区社会组织，鼓励社会力量支持社区社会组织发展。

我国社区社会组织的生存网络面临着结构依赖困境，高度的外部依存性和资源依赖性制约了其发展（袁建军，2014）。这一点对于我国的慈善超市而言尤为突出。我国的慈善超市最初是为了协助地方民政部门救济其所在街道管辖的社区困难群众，在政府的推动下出现的。至今已发展了14年，到2014年就已实现了总量上万家的突破。然而，大量慈善超市对政府的扶持有着严重的路径依赖，造血不足、项目可持续性差等老问题始终难以解决。2014年初，《民政部关于加强和创新慈善超市建设的意见》[②]作为全国慈善超市建设工作的第一个综合性文件对创新慈善超市运营、增强慈善超市自我发展能力和社会服务功能提出了要求。2016年8月，广东省以贯彻落实慈善法为契机，明确提出要加快慈善超市建设步伐，力争到2020年每个县（市、区）至少有一家以上的慈善超市。

---

① 《关于改革社会组织管理制度促进社会组织健康有序发展的意见》，2016，民政部门户网站，http://www.mca.gov.cn/article/zwgk/mzyw/201608/20160800001526.shtml，最后访问日期：2017年12月8日。

② 《民政部关于加强和创新慈善超市建设的意见》（民发〔2013〕217号），2014，民政部门户网站，http://www.mca.gov.cn/article/zwgk/mzyw/201401/20140100579020.shtml，最后访问日期：2017年12月8日。

乘着政策的东风，我国慈善超市必将迎来新一轮的改革和发展。我国绝大部分慈善超市的生长缺乏民间土壤，因而在发展初期离不开政府的支持，需仰赖于稳定的、合理的、张弛有度的公共政策的制定和实施。然而，为了慈善超市的长远发展，政府终需对慈善超市"断奶"。慈善超市在经过政府"无土栽培"萌芽之后，须通过扎根社区土壤、参与社区营造来发展壮大。与社区的紧密结合可以影响慈善超市可得资源的交换和重新组合，同时有助于推动慈善超市发挥社区营造的重要功能。本文将针对我国慈善超市的发展困境，从嵌入性的角度出发，围绕慈善超市和社区的二元共生关系，提出社区嵌入式的慈善超市发展路径，为完善慈善超市建设和培育提供新思路，补充和丰富中国慈善超市的理论和实践。

一 我国慈善超市的发展特点和困境

以 2014 年初《民政部关于加强和创新慈善超市建设的意见》（以下简称《意见》）的颁布和实施为分水岭，笔者将我国慈善超市的发展过程分为两个阶段：2014 年以前的发展初期或探索阶段，以及 2014 年以来的重整期或创新阶段。慈善超市在这两个发展阶段的特征都反映出极弱的社区嵌入性、较低的社区资源整合能力及淡薄的扎根社区的意识。

从慈善超市的特征来看，在发展初期，我国的慈善超市与西方慈善超市最大的区别在于我国绝大部分的慈善超市因政府推动和扶持而出现（在 2008 年前后也出现了极少数的民间慈善超市），资源供给具有极大的"排他性"，慈善超市运营中社会参与十分有限，社会资源吸纳能力低，对于社区的贡献仅仅局限于扶贫（见表1）。这也造成慈善超市对社区的影响力微弱，对于社区丰富的人力、物力、财力等资源缺乏吸引力，社区嵌入不足。自 2003 年第一家慈善超市在上海开业以来，慈善超市惨淡经营、悄然倒闭、成为"摆设"的现象屡见不鲜（冯敏良，2014）。我国慈善超市的发展可谓是走上了一条"重数量轻质量"

的道路。

表 1 我国慈善超市的发展特点

	发展初期	重整期
界定	2005 年,《浙江省慈善超市建设管理办法（试行）》第二条对慈善超市进行了界定，慈善超市"包括奉献超市、爱心家园、真情超市等，是指以经常性社会捐助站（点）为依托，以解决社会困难群众临时生活困难为目的，以有针对性的募集和发放物资为主要形式的经常性社会捐助或社会救助机构，是社会捐助和慈善事业结合的重要载体，是新型社会救助体系落实在基层的重要平台"	2014 年，在《民政部关于加强和创新慈善超市建设的意见》中，慈善超市被定义为"以社会公众自愿无偿捐助为基础、借助超级市场管理和运营模式，为困难群众提供物质帮扶和志愿服务的社会服务机构"。慈善超市从"社会救助机构"向"社会服务机构"转变，开始尝试社会化和市场化改革
主营业务	主要承接民政部门对慈善超市所在街道的群众进行物资（以粮、油为主）发放的工作	一方面销售社会捐赠的物品及以市场价采购的商品；另一方面承接民政部门对特殊困难群体物资发放的工作
服务对象	服务对象主要是城市特殊困难群体，包括城市低保户、"五保"户、优抚对象和残疾人士等，凭低保证按量领取物资	既包含困难群众也包含普通市民，采用价格双轨制
运营模式	基于类似于政府的办公模式开展工作，扮演政府的附属机构角色，作为经常性社会捐助接收（站）点的延伸	通过政府外包或委托给企业运营慈善超市，以及政府外包给民办非企业单位运营慈善超市的创新模式，经营手段基本实现了市场化，进货、物流、管理、营销等方面不断完善
资源来源	资源以政府补给为主，社会支持匮乏	从市场购买物资；接收社会捐赠；政府填补资金缺口、提供场地
工作人员	慈善超市工作人员是带薪的政府工作人员，没有开设志愿者服务岗位	承接慈善超市运营的组织招聘带薪工作人员，大多数慈善超市没有设置志愿者岗位
代表案例	广州市珠光街慈善超市；北京市学院路街道慈善超市	深圳市慈善超市一号店；成都市慈善惠民超市

在《意见》的指导下，慈善超市运营机制改革旨在充分发挥市场

和社会的力量在慈善超市建设中起到的决定性作用，重新定位政府角色并逐步使之后撤。在重整期，我国出现了一些慈善超市运营的创新模式，主要包括政府外包给民办非企业单位运营慈善超市，以及政府外包或委托给企业运营慈善超市。虽然慈善超市的商业属性在一定程度上被激活，但种种创新模式并未能挽救困境中的慈善超市并帮助其实现突围重生，除了慈善超市在发展初期普遍存在的一些弊病，还出现了两方面的突出问题。

第一，功能失衡。一些慈善超市过度强调市场化，使商品销售功能和慈善功能失衡。例如，慈善超市的电商追求网点数量和扩张速度，偏重超市的盈利功能，慈善超市被商业性反噬，其慈善功能主要通过少量的慈善专柜、经营利润的少量捐赠来体现，对捐赠物品的接收和发放管理不善，透明度低。同时，慈善超市的运营并没有着眼于社区的整体利益，没有在培养居民社区公共意识和社区慈善文化方面发挥应有的功能，因而普通居民的受影响度低、对慈善超市的认知度低，以发展为核心的慈善理念淡薄。

第二，社会化后劲不足。对于由企业和民办非企业单位运营的慈善超市，无论是在慈善超市的管理运营、捐赠来源还是在志愿服务方面，都存在社区普通居民的参与度低、参与渠道有限的问题，从而造成慈善超市缺乏民众的支持和监督，要么过度商业化而扭曲了慈善属性，要么维持政府主导而忽视了社会资源的重要性。另外，对政府的资金依赖为慈善超市的持续发展埋下了隐患。慈善超市经过市场化和社会化改革仍然无法"断奶"，普遍存在改革几年之后还需要政府补助才能维持运营的状况，这说明该超市并没有实现期望的"自负盈亏"，也没有充分开发社会资源并成功运用商业化的管理技巧和市场化的运营手段。

归根结底，这些弊病是由于慈善超市没有对其最根本的生存土壤——社区——给予充分关注。社区是一个多元化的概念。社会学界以滕尼斯为代表，将社区（community）定义为富有人情味、有着共同价值观念、关系密切的社会生活共同体（滕尼斯，1999）。它不仅是指在一个地区内共同生活的人群，还强调人群因具有共同的传统、价值等而结成的"精神共同体"属性。这个意义上的社区没有一个固定的、统一标准的地域。在我国大陆地区，社区主要是指居委会辖区，在行政上接受街道办事处的领导，有着明确的地理界限。这个意义上的社区是党和政府传递、落实政策和了解民情的最基层单位。《关于改革社会组织管理制度促进社会组织健康有序发展的意见》①中提到的"社区"及社区社会组织中的"社区"就是这个意义上的社区。我国政府早期主导培育的慈善超市也属于这个意义上的社区社会组织，因其主要是为了服务街道管辖下的社区贫困人群。事实上，每一个慈善超市的服务都有一定的辐射范围，有的是某个行政意义上的社区或街道管辖下的一些社区，有的是没有明确地理界限的聚居在一定地域范围内的人们所组成的社会生活共同体。

在我国慈善超市发展过程中，社区力量的重要作用常常是被忽视的（马德峰，2012）。这些社区力量包括社区居民的捐赠力量、志愿服务力量和消费力量，以及社区社会组织和企事业单位的合作力量。这也与慈善超市在社区建设中的缺位息息相关。在发展初期，绝大多数慈善超市的社区意识较强，对于服务范围有很明确的定位，即服务于街道管辖范围内的社区困难居民，但由于对社区资源整合不足，因而导致其对政府的非对称性资源依赖、社会化弱。重整期的慈善超市力求借助市场的力量扩大规模，却一定程度上忽略了服务在地化的重要性，因而没有把握好社区这一发展的根本阵地，导致功能失衡。

慈善超市应立足于社区，借助社区力量和社区资源实现慈善超市运营的在地化和可持续发展。与传统慈善的救济模式不同，现代慈善精神强调慈善超市的专业化发展和全民参与。要实现慈善超市运营的现代化转型、达到全民慈善的目标，必须营造人人参与慈善的文化氛围。

---

① 《关于改革社会组织管理制度促进社会组织健康有序发展的意见》，2016，民政部门户网站，http://www.mca.gov.cn/article/zwgk/mzyw/201608/20160800001526.shtml，最后访问日期：2017年12月8日。

因而，慈善超市要坚持"自下而上"和"社会参与"的原则，增强社区嵌入性，扩大影响力，提升社区资源的吸纳和整合能力。

二 嵌入式发展：理论和机理

（一）嵌入性分析的理论观点

嵌入性理论为研究慈善超市与社区的融合提供了全新视角和理论方法借鉴，为社区慈善超市的嵌入式发展模式提供了分析框架和理论基础。嵌入性理论采用社会学的研究视角，认为组织的行为会受到社会关系和环境的影响，运用关系分析方法，关注研究对象之间的关系特点或网络结构，强调社会资源的占有程度（刘清发、孙瑞玲，2014）。嵌入性（embeddedness）是指一个事物进入另一个事物的过程（王思斌，2011），由波兰尼（Polanyi）首次提出并被用于探讨经济活动如何通过不同的模式嵌入特定的社会关系和社会结构之中。他指出，人类所有的经济活动同所处的制度环境、社会关系密不可分，并指出经济活动通过不同的模式嵌入特定的社会关系和社会结构之中（Polanyi，1944）。格兰诺维特（Granovetter）认为组织活动的过程应该被看作人际关系的互动，并在研究组织理论时强调人际互动产生的信任是组织从事交易的基础，也是决定交易成本的重要因素（Granovatter，1985）。

嵌入性表现为不同的层次和形式。格兰诺维特界定了两种类型的嵌入：关系性嵌入，意指基于互惠预期而发生的双向关系；结构性嵌入，意指经济主体作为网络节点在社会网络中的结构位置（Granovatter，1985）。祖金和迪马乔（Zukin & Dimaggio）将嵌入的类型丰富化，提出嵌入性可分为四种类型：结构嵌入性，关注组织在网络中所处位置对经济绩效的影响；认知嵌入性，关注与经济逻辑相关的网络认知过程；文化嵌入性，关注促成经济目标实现的共有信念和价值观；政治嵌入性，关注行为主体所处的政治环境、政治体制、权力结构对主体行为的影响（Zukin & Dimaggio，1990）。哈杰多恩（Hagedoorn）指出，嵌入性特征直接影响组织间合作关系的形成，但是组织嵌入性特征与其所处的环境、网络和双边关系情境有密切关系，基于此，他将嵌入性分为三个层次：环境嵌入性、组织间嵌入性与双边嵌入性（Hagedoorn，2006）。这三个不同层次的嵌入性可被分别理解为主体行为选择受特定地域与环境、组织间网络关系及合作者间的双边关系的影响。

嵌入性的一个重要特征是嵌入主体和嵌入对象的共同演化（王凤彬、李奇会，2007）。正如赛沃尔（Sewell）在诠释吉登斯（Giddens）关于结构双重性的观点时所指出的，行为主体一方面要受到社会结构的约束；另一方面又对社会结构的产生及演化起作用，即扮演着所嵌入的社会网络的建构者的角色（Sewell，1992）。换言之，假设行动者处于某种社会网络中，这种社会网络中蕴含着行动者可利用的社会资源；当行动者为了通过某种活动实现目标而动用这些资源时，嵌入性开始发生，并会随之对资源的重组和所嵌入的社会网络的建构产生作用。正如徐永祥（2009）所述，嵌入是建构的前提，建构是嵌入的目标。建构实则体现了嵌入的能动性和塑造性。

总而言之，嵌入性分析将经济领域与社会、政治领域联结起来，并指出它们相互影响的关系。嵌入性分析主张每个主体的行为都影响和连接多个领域，相互缠结嵌入，构成一个复杂的社会系统（韦诸霞，2016）。近年来，嵌入性理论得到了发展，除了被运用于解释新经济社会学制度和企业能力建设等方面外，其研究对象还从经济型组织扩展到社会组织，用于研究中国社会工作发展路径、医养结合的养老模式、中国农村合作医疗制度、政府购买社会服务、政社关系以及结构多元主义的社会治理模式等。

（二）慈善超市的社区嵌入机理

1. 英国慈善商店的社区嵌入实践

英国是慈善超市的发源地之一。慈善超市在英国被称为"慈善商店"（charity shop）。慈善零售的起源可以追溯到19世纪英国创建的救助店（salvage store）。经历了70年的发展，英国慈善商店在成长过程中形成了许多值得借鉴的成功经验。英国大多数慈善商店是以具体的慈善机构为依托开设的，主要功能之一是以零售的方式为所依托的慈善机构筹资。就英国来说，慈善商店每年为所依托的慈善组织筹资约1.1亿英镑（National Council of Voluntary Organisation，2014）。

从整体来看，英国慈善商店具有以下特征：①主营业务是销售社会捐赠的闲置物品，有的慈善商店也销售小部分以市场价购买的商品；②收入除了用于商店运营成本之外，其余全部用于支持所依托的慈善组织开展慈善项目以及帮助特定的弱势群体；③服务对象是一定范围内的社区所有居民；④工作人员配置基本上是一个慈善商店有1~2名全薪人员作为店长负责超市日常管理，其余的工作人员全部是志愿者，任何人都有机会作为志愿者参与到慈善商店的运营中来，且志愿者以当地社区居民为主；⑤物资以个人、企业和社会组织的捐赠为主；⑥经营手段实现了完全的市场化，有完善的二手物品处理、财务管理、信息公开、营销管理系统，按照社会企业的相关管理规定交税、自负盈亏；⑦政府不干涉慈善商店的运营，常以购买服务的方式支持慈善商店。

英国的智库德默斯（Demos）于2013年通过全国性的大型调查对英国慈善商店的社会价值进行了评估，结果显示慈善商店最大的优势在于其与社区的紧密联系或深度嵌入。这种优势为慈善商店储备了大量的志愿者和员工，也大大提高了居民对慈善商店和慈善文化的认同感。据统计，截至2013年，英国慈善商店共招募了17296名正式员工和213380名志愿者（Paget & Birdwell，2013）。在英国，每5个人当中有4个人对慈善超店做过捐赠；每3个人中有2个人购买过慈善商店中的物品（National Council of Voluntary Organisation，2014）。慈善商店充分发挥了超市对居民的可达性，贴近居民的日常生活。慈善商店通过在地化的志愿服务在社区居民中发展壮大志愿者队伍，发掘和培养了本社区内在的人力资本为本的社区服务。

下文将通过具体案例和 Demos 的调查结果来介绍英国慈善商店如何实现社区嵌入，并逐渐从嵌入发展为建构，实现了嵌入和建构的有机互动。

第一，结构嵌入与参与社区公共空间的生产。公共空间是人们交往最有效的空间载体，是不同群体相互结识的主要场所，可被视为一种有益于社会流动的社会资本（何艳玲、汪广龙、高红红，2011）。慈善超市在社区公共空间生产中占据了"结构洞"的位置，能够在社区社交网络中充分发挥"桥梁作用"。英国智库 Demos 的调查报告显示，每 5 个调查对象之中就有一个表示他们曾经在慈善商店遇到过不认识的人并与之交谈；有 30% 的调查对象表示慈善超市为居民提供了社会互动的机会；有近 1/3（29%）的调查对象表示慈善商店培养了居民的社区意识；有 1/4（25%）的调查对象认为慈善商店直接增加了所在社区的凝聚力（Paget & Birdwell, 2013）。社区慈善商店通过发挥社交场所的功能，在个人层面上扩充了个人的社会资本；在社区层面上，则通过提供社会支持网来促进社区的安定和谐，提升社区的社会资本。

第二，认知嵌入与建构社区认同感和共同体意识。慈善商店通过多样化的服务强化了居民对慈善商店的认知和认同感，加深了慈善商店的社区嵌入性。这个过程也产生了强大的溢出效应，即慈善商店避免了居民因为经济困难或身体残疾而成为社区内的边缘群体，通过在社区范围内实现资源的"第三次分配"，强化了社区共同体意识，增强了居民对社区的归属感。首先，慈善商店，如 Oxfam 的慈善商店，为志愿者们在工作中提供了各种销售技能的培训，尤其通过为青年、患有学习障碍的人和刑满释放的人提供志愿岗位和技能培训机会，极大地帮助了他们，使他们有机会日后求得有报酬的职位，缓解了对生活的不安全感。其次，慈善商店还为社区居民提供多样化的服务。心理健康类的慈善组织 Mind 也为其慈善商店的志愿者们开设心理健康的培训课程，并教授心理健康急救的技能，用于服务需要帮助的居民（Paget & Birdwell, 2013）。慈善商店还缓解了经济危机对社区的冲击。2008年英国开始全面陷入经济危机，民众的生活成本迅速提高了25%。慈善商店通过对物资的回收利用，为社区居民提供了其能购买得起的生活用品，满足了日常需求，缓解了经济危机对居民生活的冲击，复兴了慈善商店所在的商业街（high street）（Paget & Birdwell, 2013）。

第三，文化嵌入与营造社区慈善文化和环保精神。慈善商店推动了社区居民参与社区扶贫事务和慈善事业，滋养了根植于社区的慈善文化，让慈善精神成为人们日常生活的一部分，也逐渐使居民对慈善商店的支持成了自然而然的事。例如，无家可归者慈善组织（Charity for Homeless）通过慈善商店直接在社区居民中募集物资和善款用于帮助所在社区的流浪者，这让更多的人意识到社区弱势群体的存在及改善其生活状况的必要性，为居民参与慈善事业提供了重要渠道，也促进了居民的互帮互助。再者，慈善商店通过强化社区居民保护环境的公共精神，使居民对慈善组织产生认同，在居民和慈善商店之间建立了联结。慈善商店在社区践行了资源回收利用的环保观念，教育居民如何变废为宝，减少垃圾的制造，深化了居民对资源回收利用的理解；推动社区居民培养垃圾分类和循环利用的习惯，为慈善商店的资源回收和再利用工作的顺利进行打下了坚实的社会基础。

2. 我国民间慈善超市的社区嵌入实践

与英国慈善超市整体已经发展成熟并已形成整体性的社区嵌入经验不同，我国许多慈善超市还处于发展困境之中，整体上看，发展水平参差不齐，通过社区嵌入而取得顺利发展的慈善超市更是凤毛麟角。因而，我国目前难以总结出慈善超市在社区嵌入发展方面的整体性经验。尽管如此，我国民间慈善超市在高校社区、农村社区、国际社区等进行了意义重大的探索。虽然只有少数可借鉴的案例，但这些探索为我国本土慈善超市更好地吸收和整合社区资源、参与社区营造，更好地实现传统慈善超市向现代慈善超市转型提供了重要启示。以下将基于高校社区、国际社区和农村社区中的代表性慈善超市的社区嵌入实践进行探讨。

高校社区的慈善超市以 S 大学的 U 慈善商店为代表。它是国内众多校园慈善超市里极少数的学生自发组织、自主运营的慈善超市，是运营比较成功和成熟的案例。该超市作为注册的民办非企业单位已持续运营 6 年。国际社区的慈善超市以 Z 慈善商店为代表。该慈善超市创办于 2008 年，发起人是来自英国的爱心人士，依托于 B 市的一个国际社区运营。Z 慈善商店的运营身份为经过工商注册的企业，也是一家全国性公募基金会下属的一个项目合作方。农村社区的慈善超市以位于 B 市 P 村的 T 公益商店为代表，它于 2006 年由一家民间组织发起创办。在成立之初注册民非失败之后进行工商注册的 T 公益商店将自己定位为社会企业，即以商业手段为运作模式，以持续解决特定社会问题为设立宗旨和目标的企业。

这些民间慈善超市在运营上具有共同点，包括：①主营业务是接收社会捐赠的闲置资源并进行销售，同时托卖其他机构的产品并从中提成；②收入除了用于商店运营之外，还用于支持公益活动和社区发展；③服务对象主要为一定范围内的社区所有居民；④有完善的人事管理制度，建立了强大的志愿者队伍；⑤物资来源主要是社会捐赠，以所在社区居民捐赠为主；⑥经营手段实现了商业化，线上、线下结合经营，工作岗位设置合理，并建立了完善的信息公开制度，接受社会监督；⑦慈善商店的运营不依赖政府，实行自主经营，独立核算，自负盈亏。这三个慈善超市的具体运营特点如表 2 所示。

表 2　代表性民间慈善超市的运营特点

	U 慈善商店	Z 慈善商店	T 公益商店
主营业务	销售学生捐赠的物品，以书籍为主；同时托卖其他机构的文化产品并从中提成	销售社会各界捐赠的物品，以所在社区居民捐赠的二手闲置生活用品为主；托卖其他机构的产品并从中提成	销售从村外募集到的可再使用的衣物

续表

	U 慈善商店	Z 慈善商店	T 公益商店
收入用途	商店日常运营，支持患病学生的医药费和学生社团的公益活动	商店日常运营，支持重症患儿、孤儿、灾区群众等急需帮助的对象	商店日常运营，支持打工者群体的文化教育公益事业，包括辅助开设图书角、打工文化艺术博物馆、电影院和小学
服务对象	所在高校社区的全体师生	所在社区的普通居民和需要救助的个人	B 市 P 村的城市外来务工者群体
工作人员	有完善的人事管理制度，除了负责人之外，工作人员均为在校的学生志愿者，累计 100 多名	有 20 多位正式员工和 50 多位志愿者	工作人员有 40 多人（包括志愿者），其中有残疾人 8 名
物资来源	以所在高校师生的捐赠为主	所在社区居民的捐赠，以家具、装饰品、健身器材、衣物、书籍和电器为主	通过在 B 市各大高校设置捐赠箱，募集高校师生和一些企业的捐赠，捐赠物资以衣服为主
经营手段	实现商业化，设置行政、财务、公关、市场和推广等岗位，建立微信公众号及时宣传和公开相关信息	实现商业化，线下有三个实体店，四个仓库，一个洗衣房；线上还开设了一个淘宝网店和一个微店	实现商业化，已经建立起宣传、热线、活动、合作、运输、库房、定价、配货、销售等基本运作环节及内部管理制度
运营模式	市场化运营，不依赖政府和校方，实行自主经营，独立核算，自负盈亏，信息公开	市场化运营，实行自主经营，独立核算，自负盈亏，信息公开	市场化运营，实行自主经营，独立核算，自负盈亏，信息公开

总体来看，虽然这些民间慈善超市生长的社区环境各有特色，但在发展过程中对社区的嵌入具有相似的经验。

第一，结构嵌入与创造社区公共空间。慈善超市积极与社区居民互动，扩大影响力。例如，Z 慈善商店作为社区内一所具有独立院落的社区公共场所，其存在为社区居民提供了日常交流的平台，起到了联结社区的作用。正如负责人 W 女士所述："由于慈善商店内部的商品来源于社会捐赠，并非批量化的商品供给来源，因此每件商品都独一无二，在慢节奏的商品挑选中，社区商店内部的购物创造了居民结识友人、放松心情的机会。"其分店还设置了阅读区和休闲区，供顾客聊天谈心和小憩，搭建了居民社交平台。同时，Z 慈善商店利用志愿服务岗位为社区外国人士加快社区融入提供了平台，吸纳了多元化的志愿者参与，使该慈善商店更加国际化，对于社区居民更有吸引力。Z 慈善商店还借助靠近国际中小学校的区位优势，兴办二手书市，吸引社区及周边居民共同参与、相互交流。这推动社区居民在慈善超市的发展中既自觉扮演了志愿者主力、捐赠者主力的角色，又扮演了消费者主体的角色，实现了慈善超市依托社区"自产、自营、自销、自助"的可持续发展模式。

第二，认知嵌入与建构社区共同体意识。对于校园慈善超市而言，学校的教育和宣传促使大学生对于环保、资源节约的理念有着深入的理解，对二手物品，尤其是书本，接受度较高，需求量也大。U 慈善商店把握学生群体的认知特点，将销售学生捐赠的以书为主的闲置资源作为主营业务，拥有了广大的市场和资金来源。慈善超市的认知嵌入也反作用于校园社区的认知建构和有机团结，进一步加深了自身的社区嵌入性。首先，U 慈善商店通过参与学校环境保护，减少垃圾生产，强化了大学生保护校园环境、有效利用资源的公共意识。其次，U 慈善商店的营业所得大部分用于资助有突发疾病的在校生，例如白血病病人、心脏病病人等，同时积极呼吁全校师生关注受助群体，在学校形成了互帮互助的公共意识，增强了师生对学校共同体的认同。正如店长 L 同学所述："U 慈善商店的愿景是让公益成为一种生活方式，使命是提倡环保的生活理念，推动微公益的生活方式，打造造血式的公益平台。"该理念得到了广泛认同，作为非成员的 Y 同学认为"U 慈善商店从没有什么影响力慢慢到影响全校师生，而且有越来越多的学生社团开始模仿和学习它的模式，它成功地推广了公益和互助的精神，让整个校园更加有爱"。

另外，对于城市外来的打工者群体而言，在为社会创造出巨大物质财富的同时也有着文化和教育的精神需求，但是低收入水平和低消费能力已然成为满足这些需求的障碍。T公益商店把握住了打工者群体的特点，发展合作消费，促进了居民间互惠互助的社区共同体的形成。具体而言，除了商店的日常运营活动，T公益商店开发了一系列拓展性业务回馈所在社区，包括利用募捐来的图书杂志，设立"图书角"，免费向社区工友提供借阅服务；向社区工友派发法律常识及权益信息读物，进行普法宣传；协助组织社区活动，如观影和文艺演出；以T公益商店为平台，组织动员社区工友及大学生志愿者积极参与社区活动的筹划和宣传，服务社区工友，为社区工友构筑社会资源支持网络。

第三，文化嵌入与培育慈善文化。民间慈善超市的理念和宗旨充分匹配了所在社区的慈善文化。例如，大学生是最活跃、最积极的志愿者力量，怀有对公益事业较高的热情。U慈善商店通过为学生自主参与公益事务提供平台，如举办公益比赛、孵化大学生的公益项目、为社区其他公益组织提供筹资渠道，进一步完善了社区公益生态系统，这也为慈善超市自身储备了大量志愿者资源和捐赠来源。再如，对于Z慈善商店而言，其由英国人发起，根植于国际社区，也是富人聚集区，有很活跃的慈善文化。国际友人流动性大，二手物品来源多、市场大，居民对于慈善商店这一组织形态和相应理念接受度高，支持度高。Z慈善商店在培育慈善文化方面更多的是通过与国际学校合作，向社区的青少年推广慈善理念和环保理念。例如，节日期间国际学校的学生会一起亲手制作糕点或是手工艺品，并到门店义卖。在假期里，学生们也会到门店参与志愿服务，整理和义卖二手物品，了解和认识需要帮助的弱势群体，践行慈善精神。正如负责人W女士所述："在服务他人的过程中，孩子们加深了对'尊重''感恩''爱'等词语的理解。"

3. 小结

以上探讨的中西方慈善超市在运营过程中都体现了社区与慈善超市强耦合的二元共生关系，这解释了社区慈善超市的嵌入机理（见图1）。一方面，获取社区资源是慈善超市嵌入社区的内在动力；另一方面，推动社区发展是慈善超市嵌入社区的必然要求。英国慈善超市及我国民间慈善超市的经验表明，慈善超市的深度社区嵌入带来了强大的社区建构力量。尤其在培育社区"公共性"的过程中，社区社会组织不仅可以提供公民参与的平台，还在社区公共空间生产中扮演着重要角色，它是推动成员互动、满足成员多层次需求的重要载体（李雪萍、曹朝龙，2013）。慈善超市通过促进社区成员的互动、为社区成员提供社会参与的机会，培育了公共精神和慈善文化，增强了社区凝聚力和居民的归属感，进而促进了社区的有机团结。这使得社区成员的参与和融入形成了一个互助互惠的运作机制，不仅使社区慈善超市提升了服务的水平，而且反过来强化了居民对慈善超市的理解和认同，还引导居民主动支持慈善超市发展，增强了慈善超市的资源储备，加强了其社区嵌入性。

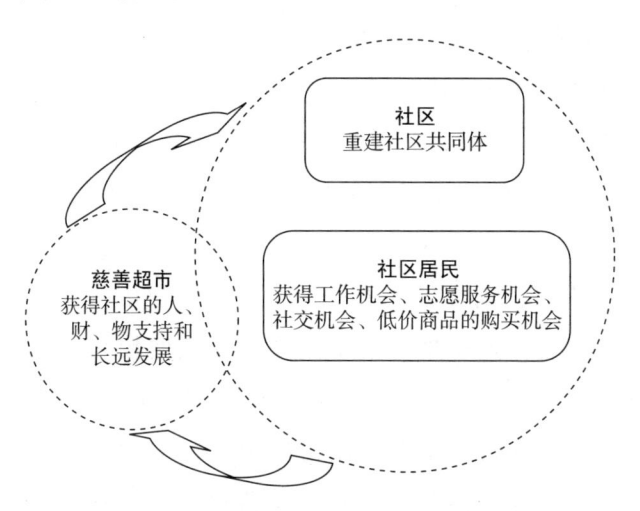

图1 嵌入机理：基于慈善超市与社区及其社区居民的二元共生关系

三 我国慈善超市实现深度社区嵌入的建议

城乡社区如海绵一般容量大、弹性强，能够就地、就近、就亲、就熟、就顺和就便地满足多种需求。社区与慈善超市的二元共生关系使得慈善超市在发展过程中通过社区嵌入和建构获得社区的理解和认同，引导社区主体主动为慈善超市发展提供不竭动力。虽然前文探讨的三类国内社区各具特色，但不同慈善超市的生长土壤不相同，不能直接将相关具体经验照搬到一般意义上的国内慈善超市。然而，这不妨碍总结出一般性的建议，以指导我国大部分慈善超市通过立足社区发展、提高吸纳和整合社区资源的能力，从而摆脱发展困境。下文将基于嵌入性的三个层次，分别从宏观、中观和微观角度来分析社区嵌入型慈善超市的发展路径。

（一）环境嵌入性：因地制宜培育慈善超市

环境嵌入性主要是指慈善超市的发展需要考虑社区环境的影响。地方政府对慈善超市的推广也需要考虑是否契合当地实际需求和慈善生态环境，盲目推广可能达不到良好的效果。真正意义上的慈善超市要求分析供需情况，充分发挥接受社会捐赠和销售闲置物品的社会功能。因地制宜培育慈善超市，激发慈善超市活力，应重点从如下四方面实现环境嵌入。

1. 优先在人口流动性较大的社区培育慈善超市。第六次全国人口普查数据显示，我国近年来的人口流动频率依然较高、流动规模仍旧庞大（田成诗、曾宪宝，2013），故而将慈善超市的服务范围优先定位为流动人口集中区域对于慈善超市的用户锁定和市场定位有着十分积极的影响，在地化的服务供给对于因地制宜培育慈善超市有重要意义。我国民间慈善超市的经验表明，慈善超市在流动性较大的社区中有更广阔的生长空间。实地调研发现，以 U 慈善商店为代表的校园慈善商店、以 T 公益商店为代表的外来务工人员聚集社区的慈善超市、以 Z 慈善商店为代表的流动性较强的外国人社区的慈善超市均有较好的发展。一方面，流动人口，例如校园里的大学生和城乡结合部的外来务工人员，对于二手物品的需求更大、接受度更高；另一方面，流动人口搬迁频率较高，可能拥有更多的闲置物品可供捐赠和回收利用。因此，在流动性较高的社区，慈善超市更有可能拥有更多的资源和市场，更容易生存和发展。

2. 根据社区基础条件培育慈善超市。对于一些已经具备基础条件的社区也适合慈善超市的落地和发展。可建立一套社区闲置物品需求评估体系，摸清社区内是否已有线上或线下居民自发建立的闲置物品交易平台，适时引入社会企业或社会组织，借助慈善超市的形式更好地满足居民需求，培育社区慈善文化。可以通过抓取网络平台数据，例如社区业主论坛或小区内部的居民自发组成的网络交易平台中闲置物品的交易频率、数量、物品种类等，来分析社区居民对闲置物品的总体需求，评估在社区中落地慈善超市的可行性。同时，可通过分析社区已有的二手物品收购市场，评估慈善超市潜在的市场规模。

3. 根据社区居民的需求培育慈善超市。与西方国家相比，我国浓厚的慈善氛围和文化尚未形成与健全，居民对二手物品的接受度还存在很大的提升空间。要实现本土慈善超市的落地生根，在发展初期需要针对特定的人群及其需求来推广慈善超市，不宜一概而论。我国民间慈善超市的经验表明，一方面，居民的经济条件会直接决定对慈善超市出售物资的需求，例如经济条件较差的外来务工人员，对于二手服装的接受度和需求度较高；然而经济条件较好的国际社区的居民，对于家具、家居装饰品的需求更高。另一方面，不同的群体对物资的需求也不同，例如学生群体对于二手书本的需求较高，而西方慈善超市的经验表明，中产阶级群体对于二手文化消费品（如艺术品）的需求较高。因此，慈善超市要立足所依托的社区环境和社区文化，明确服务对象，有针对性地经营和回收一些物资，及时回应和满足当地居民需求，保证慈善超市的持续经营。

4. 跨社区整合资源。人口的异质性和社区的差异化可能导致同一个社区不能同时拥有慈善超市的市场和资金来源渠道，这就需要跨社区整合资源以用于慈善超市发展。T公益商店淋漓尽致地说明了这一点。由于城郊外来务工人员的物资和人力资本贫乏，该店通过与同市高校学生团体、学生志愿者及社工专业的学生建立紧密合作关系，不仅获得了学生群体的大量捐赠，还收获了宝贵的人才资源。跨社区整合资源需要地方政府具备全局观，并且对不同社区的情况有详细和实时的了解和掌握，还要拥有对社区各种资源的动员能力。对于市场较大但资源相对匮乏的社区，例如经济条件较差的流动人口社区，政府在培育过程中应注意链接周边其他社区的捐赠物资和志愿者资源；对于闲置物品资源丰富但二手物品交易市场有限的社区，例如经济水平较高的城市本地人口聚集的社区，基层政府可在社区大力推广慈善超市理念，鼓励居民个人捐赠，或者通过在社区设立捐赠箱，让附近需求较大的社区的慈善超市定期回收该社区的捐赠物品。

（二）组织间嵌入性：建立组织网络生态系统

组织在活动中要不断与周围环境中的其他组织发生各种各样的联系。组织间嵌入性是指组织所处的社会网络对其行为的影响（Hagedoorn，2006）。发展慈善超市要有机协调社区、社会组织以及社会力量，使之形成资源互补；要链接多种类型的社会资源，积极动员各种社区力量参与募集、整合、分配慈善资源，为慈善超市的运营注入活力。具体而言，要做到以下几点。

1. 与社区企事业单位建立合作关系。我国民间慈善超市的经验显示，与社区内企事业单位建立互惠的伙伴关系有助于慈善超市自身发展。Z 慈善商店联合社区的国际学校创办书市，将收入用于孤儿或贫困儿童在社区医院就医的开销，并且与社区内的大型企业合作，在获得资源（如一定年限的免租店面）的同时，帮助落实企业社会责任。这促使 Z 慈善商店成了一个认可度高、影响力大的资源链接平台。同样，T 公益商店通过与一家大型物流公司合作，在获得免费物流服务的同时，帮助该公司履行企业社会责任。可见，慈善超市应重视与社区内企事业单位的合作：第一，倡导企业社会责任，鼓励企业对慈善超市进行影响力投资，投资方向可重点考虑慈善超市的物流、实体店面、财务管理系统开发、营销、物品翻新技术等方面；第二，打造"公益+创客"空间，借助公益互联网技术创新、捐赠模式创新（如股权捐赠）等方面进行探索，争取慈善超市与企业合作中的主动性；第三，由于我国个人的慈善行为以单位动员式为主，慈善超市可向企事业单位工作人员开放志愿服务岗位，加强宣传；第四，加强与企事业单位的交流，可通过开展研讨会和经验分享会等形式，积极学习管理运营经验并将其运用到慈善超市管理中来，尤其要努力提高慈善超市运营中商业手段的运用能力。

2. 与社区社会组织开展合作。与社会组织建立良好的合作关系是国内外慈善超市的宝贵经验之一。例如，英国的慈善超市大多以具体的慈善机构为依托开设，而国内的慈善超市在为社区其他公益组织提供筹资渠道，扩大自身影响力的同时，也促进了社区公益生态系统的完善。结合我国国情，具体的合作形式可包括如下几个方面。第一，加强与基金会，尤其是社区基金会的合作。基金会扮演着支持者、孵化者和资助者的角色，能为合作对象提供最重要的支持。而社区基金会能够激活本土的资源、知识、活力和责任担当，以确保当地社区的持久生命力，从而灵活而及时地满足社区的需求；可向社区慈善超市提供在地化的支持，有助于共同实现社区发展的宗旨。第二，利用社区其他社会组织开展活动的契机和平台，向居民宣传慈善超市。第三，与社区内其他社会组织开发互惠和互补性业务，例如动员其他社会组织将无法很好利用的社会捐赠输送到慈善超市进行销售，慈善超市可通过销售物品的形式为之筹款。

3. 社区治理主体应积极支持慈善超市发展，可吸纳成熟的民间慈善超市进入社区服务框架体系。U慈善商店在发展过程中争取到高校校方的助力大大降低了生存压力。高校作为一个成员认同度高的生活共同体，学校相关部门扮演了社区治理主体的角色，其通过免租店面的形式降低了慈善超市的运营成本，稳固了慈善超市的生存基础。学校的背书增强了校内师生对高校慈善超市的认可度，极大地帮助了校园慈善超市发挥潜在的巨大经济效益和社会效益。因而，对于有合作意愿的民间慈善超市而言，街道办和社区居民委员会可尝试将其吸纳到社区服务框架体系中，将其有机整合进国家基层治理体系中。政府在中国社会治理结构中居于主导地位，慈善超市在什么样以及多大的社会空间内发育、发展到什么程度，在很大程度上受政府政策取向的影响。具体合作形式可包括：第一，在维持民间慈善超市独立运营、资金自主的前提下，可尝试鼓励街道办和居委会进行影响力投资，例如提供免费营业场地，与慈善超市构建平等互惠、有机耦合的关系形态；第二，可利用民间慈善超市与社区紧密联系的先天优势，通过向成熟的慈善超市购买服务，更好地为社区居民提供在地化服务。

（三）双边嵌入性：与居民个体展开深度互动

为更好地实现慈善超市的慈善功能和价值，需要将服务对象的范围从城市特殊困难群体扩展到社区普通居民，让慈善精神、互帮互助、物资回收和循环利用成为社区的流行文化。让社区居民通过享受慈善超市的服务加深对慈善超市工作内容和社会功能的理解，在互动中建立互信，从而提升对慈善商店的认同感和支持度，并使之融入慈善超市的日常运营和监督中来。实现慈善超市和居民个体的双边嵌入包括以下几个方面。

1. 加强社区居民的认知。当前居民对慈善超市支持度低的一个重要原因是其对慈善超市及其社会功能的认知度低。加大慈善超市的宣传力度是实现社区嵌入的重要一步。因而，需要重点向社区居民宣传：慈善超市是什么；慈善超市的运作方式是什么，如何体现慈善功能；慈善超市能为社区和社区居民带来哪些有益之处；慈善超市需要居民怎样的支持；居民可以通过哪些渠道、如何提供支持。除了通过社区公告栏、宣传栏等向居民宣传慈善超市外，还可以借助"社区家园网"定期发布社区慈善超市的相关信息，并借助该网站为慈善超市募集所需物资，推广慈善超市销售的商品。此外，还可制作小传单，在居民委员会或社区服务中心等居民办事点进行发放,提高居民对慈善超市的认知度。

2. 动员居民参与。首先,丰富活动内容,吸引居民参与。依据 Z 慈善商店的经验,慈善超市可以在社区举办"旧物改造手工会""文化商品分享会""旧书市""社区儿童爱心义卖"等活动,吸引居民参与超市附属交流活动的过程,使慈善超市不仅仅是一个"以物换物"的平台,更是一个增进社区居民彼此认知的交流平台。U 慈善商店的经验也显示了建立持续性的激励机制的可取之举,例如,发放慈善超市打折卡,提供上门回收服务,并通过促销活动、抽奖活动等鼓励消费。其次,要学习前文讨论的民间慈善超市的做法,提高组织透明度,广开慈善超市信息的获取渠道,接受社会监督,让社会公众能够获取关于慈善超市的相关信息并展开评价,确保慈善超市实现慈善功能,为之自主发展提供合理合法的空间。

3. 设置志愿服务岗位,完善志愿者管理。前文分析显示,强大的志愿者队伍是慈善超市顺利运营的后盾,完善志愿者队伍建设是我国慈善超市长足发展的基石,也是慈善价值的体现。首先,在慈善超市设置志愿服务岗位:根据慈善超市的具体规模,确定专职人员和志愿者的人数比例,一方面,需要邀请专业化且有实践经验的管理人才参与经营,引导超市经营向正规化方向发展;另一方面,为彰显慈善超市的公益性,需要志愿者参与经营,考虑到不同发展阶段的慈善超市会面临差异性的经营方式,因此专职人员和志愿者人数的比例需要根据实际情况具体确定。同时,优先吸纳本社区居民参与志愿服务,鼓励残疾人或社区边缘群体参与志愿服务。其次,根据志愿者精神上与物质上的需求,建立一套系统的激励机制,并鼓励慈善超市邀请专家为志愿者提供技能培训,提高服务的专业化程度,充分尊重志愿者,吸引居民自愿参与。最后,做好志愿者的信息登记工作,通过"时间银行"的计时方式,逐渐将"公益时长"的回报方式引入社区,增强慈善激励。

4. 拓展多元化的社区服务功能。虽然销售物品是慈善超市的主营业务，但前文讨论的慈善超市的收入除了用于商店运营之外，还用于支持公益活动和社区发展。这加深了社区居民对慈善超市的认同。因而，慈善超市需要通过培育慈善文化、强化环保理念，建立互帮互助的社区共同体，凸显其核心竞争力和不可替代性。例如，通过为社区居民提供商店经营和销售技能培训吸引居民参与慈善超市志愿服务，促进志愿者在助人自助中成长；通过定期组织社区慈善晚会等社交活动促进社区成员参与捐赠、展开持续性社会互动，使社区居民相互了解、彼此熟悉，减轻社区隔离；定期进行普法教育、宣传社区环保和扶贫公共事务信息，为无法发声的弱势群体代言，联合社区成员共同直面和解决问题，激发社区居民的公共责任感；通过为社区居民提供咨询服务或资金援助，支持居民参与公益事业，开展公益活动。

四 小结和展望：从嵌入到建构

基于慈善超市和社区二元共生的强耦合关系，我国慈善超市应意识到嵌入其最根本的生存土壤——社区，是突破发展困境的根本之道。慈善超市需要立足社区发展，充分吸纳社区元素，分别在宏观、中观、微观层面实现社区的环境嵌入、组织间嵌入和双边嵌入。同时，慈善超市还扮演着所嵌入社区的建构者角色，即当嵌入性开始发生时，慈善超市会随之对资源的重组和对所嵌入的社会网络的建构产生作用。因此，在我国社区公共性衰减的背景下，未来应积极推动慈善超市和其他社区社会组织嵌入社区并参与社区公共性重建，发挥社区嵌入性的塑造力。这个过程也将进一步推动慈善超市与社区的深度互嵌，推动我国慈善超市朝真正意义上的现代慈善超市转型。

【参考文献】

滕尼斯，斐迪南，1999，《共同体与社会》，林荣远译，商务印书馆。

冯敏良，2014，《我国慈善超市的发展瓶颈与生存智慧》，《江苏大学学报》（社会科学版）第 6 期，第 52~57 页。

何艳玲、汪广龙、高红红，2011，《从破碎城市到重整城市：隔离社区、社会分化与城市治理转型》，《公共行政评论》第 4 期，第 46~61 页。

李雪萍、曹朝龙，2013，《社区社会组织与社区公共空间的生产》，《城市问题》第 6 期，第 85~89 页。

刘清发、孙瑞玲，2014，《嵌入性视角下的医养结合养老模式初探》，《西北人口》第 6 期，第 94~97 页。

马德峰，2012，《以社区为主导促进慈善超市发展》，《中国社会科学报》4 月 9 日。

田成诗、曾宪宝，2013，《基于"六普"数据的中国省际人口流动规律分析》，《西北人口》第 1 期，第 1~4 页。

王凤彬、李奇会，2007，《组织背景下的嵌入性研究》，《经济理论与经济管理》第 3 期，第 28~33 页。

王思斌，2011，《中国社会工作的嵌入性发展》，《社会科学战线》第 5 期，第 206~222 页。

韦诸霞，2016，《嵌入型治理：全面深化改革时期行业协会的制度供给探析》，《中国行政管理》第 6 期，第 52~57 页。

徐永祥，2009，《建构式社会工作与灾后社会重建：核心理念与服务模式——基于上海社工服务团赴川援助的实践经验分析》，《华东理工大学学报》（社会科学版）第 1 期，第 1~3 页。

袁建军，2014，《新型城镇化进程中社区社会组织发展的三重困境》，《天津社会科学》第 5 期，第 55~60 页。

Granovetter, M. 1985. "Economic Action and Social Structure: The Problem of Embeddedness," *American Journal of Sociology*, 91 (3): 63 – 68.

Hagedoorn, J. 2006. "Understanding the Cross-level Embeddedness of Inter-firm Partnership Formation," *Academy of Management Review*, 31 (3): 670 – 680.

National Council of Voluntary Organisations. *About Charity Shops*. 2014. https://knowhownonprofit.org/funding/trading/charityshops/charityshops (accessed Sep, 2016).

Paget, A. and Birdwell, J. 2013. *Giving Something Back*. London: Demos.

Polanyi, K. 1944. *The Great Transformation: The Politicaland Economic Origins of Our Time*. Boston, MA: Beacon Press.

Sewell, A. 1992. "Theory of Structure: Duality, Agency, and Transformation," *The American Journal of Sociology*, 1992, 98 (1): 1 – 29.

Zukin, S. and Dimaggio, P. 1990. *Structures of Capital: The Social Organization of Economy*. Cambridge, MA: Cambridge University Press.

项目制创新模式：合作治理的实现载体[*]

——基于上海市公共服务项目的研究

张振洋　胡振吉[**]

摘　要：项目制是一种新的国家治理体制，并成功扩展到了公共服务领域。本文主要从政社合作视角，以上海的项目制创新实践为案例，考察了中国城市社区的项目制创新模式。在专业性和开放性构成的二维分析框架中，本文提出了定向型项目、开放式项目、微缩版项目和共享型项目四种项目制创新模式。接着，本文选取政府购买公共服务、公益性创意投标、社区微项目和社区公共服务综合体四个案例进行分析，回应了先前的理论研究，并总结了其三大核心机制：分解、精细化和双向合作。随后，本文认为四种项目制创新模式通过吸纳社会力量，形成政府和社会在公共服务供给中的合作，对当前的

---

[*]　基金项目：教育部人文社科青年基金项目"当下中国社会组织自治及其政治整合问题研究"（项目编号：13YJC810002）。

[**]　张振洋，上海师范大学哲学与法政学院讲师，上海交通大学国际与公共事务学院管理学博士，研究方向为项目制与公共服务供给，E-mail：zhangzhenyang0719@163.com。胡振吉，上海财经大学法学院博士研究生。

项目体制实现了修正。最后，本文认为项目制可以成为推进政府与社会合作治理的平台，其关键在于如何实现制度化。

关键词：项目制　定向型项目　开放式项目　微缩版项目　共享型项目

一　问题的提出

中国国家治理的命题源远流长，实现国家的有效治理关乎国计民生。纵观新中国近70年的历史，国家治理形态风云变幻，常规化治理先后经历了运动式治理、项目化治理和合作式治理，这些都是常规化治理的重要补充，甚至成为主旋律。目前，项目化治理已经成了一种新的国家治理体制（渠敬东，2012），被一些学者称为"项目治国"（周飞舟，2012）。

诚然，项目制在推动经济发展过程中发挥着十分重要的作用，是"中国奇迹"的重要创造者。具体而言，一方面，"严打"等专项行动（冯猛，2015）为改革开放初期的经济发展奠定了良好的环境基础；另一方面，各类发展项目直接推动了国民经济的发展。然而，随着国家政策重心由经济发展向服务民生转变，发展型政府转向服务型政府，项目制的成功经验在扩散到公共服务领域中时遭遇到了极大的挑战，如投入难以为继、不能覆盖全民，以及无法准确识别目标公众需求等。

鉴于此，地方政府以项目制为载体，进行了多种形式的创新，形成了丰富的实践，其核心主线就是通过吸纳社会力量参与项目运作，形成政社合作治理。项目制创新模式中的项目包含哪些类型，如何使用统一的理论框架加以分析，它们有何相同的运作机制，这些创新对未来的国家治理有何影响，本文试图通过上海市的实践，对上述问题进行初步回答。因为，研究项目制的创新模式，对于理解当代中国的国家治理，推进政府改革和公共服务供给方式创新具有重要意义。

二 现有文献中的项目制研究与项目制创新模式

目前来看，项目已成为中国国家治理中的重要概念。经济发展需要项目推动，公共服务需要项目载体，学术研究需要项目支撑。由此观之，项目已经渗透到了中国社会的方方面面，塑造了整个中国社会的制度精神，成为一种全新的国家治理体制（渠敬东，2012）。

尽管学术界（主要是社会学界）对于项目制的研究多种多样，研究方法多元并举，研究领域精彩纷呈，但是有一点是所有项目制研究的基础，即项目制产生于中央和各级地方政府的转移支付，这些一般转移支付和专项转移支付（"戴帽资金"）成为项目制发展的物质基础。实际上，中央的转移支付发端于20世纪50年代的社会主义建设，在70年代末80年代初开启的改革开放带来的经济发展中大放异彩，是中国经济取得巨大成就的重要载体，也被认为是中国目前环境污染等负面问题的重要根源（郑世林，2016）。1993~1994年的分税制改革，极大地提高了中央政府和地方各级政府的专项转移支付比重，成为项目制产生和运作的重要结构基础。随着2003年后"建设社会主义和谐社会"重大命题的提出，项目制被复制到了公共服务领域，成为提升公共服务质量的重要手段。

1993~1994年的分税制改革，改变了中央财政和地方财政之间长时间的倒挂现象。由此，中央政府的财政汲取能力显著提升，而地方政府的财政收入却显著下降。随着分税制改革的深入发展，这种财政结构带来了一个显著问题，即财权和事权不对等。具体而言，中央政府掌握了越来越多的财政收入，但是地方政府在财政收入骤减的情况下却必须承担大比例的公共服务支出。这一问题同样适用于分析上级政府与下级政府的关系。因此，有学者甚至称分税制改革后，尤其是农业税被取消后的乡镇为"悬浮型政权"（付伟、焦长权，2015），原因就在于乡镇没有足够的财政收入履行公共服务职责，只能为上级政府扮演跑腿者的角色。所以，中央政府和上级政府为了激发下级政府，主要是基层政府提供公共服务并着力提升公共服务质量的积极性，就通过转移支付的形式，为下级政府提供资金，保证公共服务的供给，推动服务型政府建设。

众所周知的是，项目制本质上是一种行政化治理方式，它和运动式治理一样，都是对常规治理方式的一种修正，以便集中有限资源实现有效治理，是国家治理资源贫瘠的理性选择（唐皇凤，2007）。因此，研究作为一种"多线动员"而非"条线动员"（陈家建，2013）的项目制的重点，便毫无疑问地集中在了对项目制运作过程中政府间关系的研究上。从政策过程的角度来说，项目制的完整运作机制包含项目发包、项目执行和项目反馈等环节，现有研究通过理论勾勒和案例研究，形成了大量的知识基础。

首先对项目制中政府关系（包括村委会）进行研究的是折晓叶和陈婴婴（2011），她们通过对项目进村的考察，提出了项目制的分级运作机制。具体而言，项目制的运作主体一般包括发包方、承包方和操作方，形成了"发包"、"打包"和"抓包"的运作机制。周雪光（2015）则在此基础上，通过"控制权"理论，以掌握目标设置权、检查验收权的实施、激励权的不同主体为变量，对项目制的具体类型和运行逻辑进行了分析。自此以后，对于项目制运作过程中政府关系的文献便如雨后春笋般涌现。相关研究一般集中在以下领域。第一，宏观上，项目制对上下级关系的重新塑造，即项目制调动众多资源，形成多线动员，其专业化取向实际上强化了上级政府的权威（陈家建，2013）。第二，项目制中各级政府的策略行为，如上级政府在寻找抓包方的过程中使用说服、命令和非正式关系等手段，而下级政府申请项目时则倾向于虚报政绩（冯猛，2009）和建立攀缘关系（李祖佩，2013）等，在项目操作中又存在项目打包（折晓叶、陈婴婴，2011）、欺诈（周雪光、程宇，2012）等行为。这些文献都揭示了不同于文本中"理想"的项目制形态——与以竞争性、规范性、专业性闻名的项目制不同，项目的获取和运作可能需要非正式关系（informal institutions），也可能会脱离项目发包方的控制，出现多种变通行为。第三，地方政府与上级政府的结构关系，主要是通过个案研究展示项目制在运作过程中与现有条线关系的耦合，如督察机制的缺乏带来的地方政府对项目的变通执行（陈家建、张琼文、胡俞，2015）、预算软化带来的逆向预算软约束（狄金华，2015），以及各级政府之间的互倚（史普原，2016）。

显而易见的是，项目制的动员仅仅局限在行政系统内部，是对政府关系的重塑，而非对政府与社会关系的改造，尽管项目制处于政府计划和市场分配的结合点（郑世林，2016）。因此，行政化逻辑必然导致大量的内卷化问题，即项目内容和公众需求无法实现精准对接。而且，鉴于项目制本质上是对政府资源的动员，而政府治理资源是相对比较贫瘠的，因此这种模式可能是不可持续的。周雪光等（2012）对于华北某村"村村通"工程的研究就证明项目制运作可能会带来集体债务；周飞舟（2012）对于农村义务教育的研究揭示了项目的"悬浮化"。最为重要的是，在政府主导的项目制中社会力量对项目的参与是被动的，其积极性和创造性无法充分发挥，社会力量（尤其是企业）有时候还得成为政府项目的汲取对象，帮助政府落实配套资金（狄金华，2015）。另外，政府项目因为缺乏具有地方性知识的公众参与而导致其无法准确识别民众的真实需求，造成"好心办不了好事"的尴尬局面，陈水生（2014）对于乡村图书馆的研究正是这一问题的例证。

由此可知，项目制应用领域广泛，不仅解释了分税制改革以来中国经济的高速增长（郑世林，2016），更是2003年后中国政府以民生为导向的政策重心形成后，提供公共服务的重要载体，广泛活跃在社会治理（陈家建，2013）、帮助弱势群体就业（陈家建、张琼文、胡俞，2015）、农田水利建设（黄宗智、龚为纲、高原，2014）和义务教育（周飞舟，2012）等领域。现有项目制研究中的个案研究，虽然不乏对于公众、企业和社会组织参与项目运作的分析，例如冯猛（2009）对于特拉河镇"大鹅养殖"的研究，但是，一方面，这些项目的案例比较少，在现有项目制研究中缺乏足够的文献；另一方面，在这些项目中，公众无权自主决定项目的内容，抑或项目最终被政府予以行政化，而且公众的参与也是源于政府的动员，而非主动介入。

尽管我国社会科学领域，尤其是社会学界对项目制的研究倾注了大量心血，尤其进行了扎实的田野调查，使得研究更趋实证导向和丰满。但是，现有项目制研究文献仍然存在许多不足，需要进一步挖掘。首先，现有文献主要集中于对乡镇农村社区项目运作的考察，忽视了对城市社区项目运作的研究。实际上，城市政府购买社会组织公共服务、城市基层自治项目、共治项目也是政府项目化运作的重要体现。同时，与农村地区项目制运作主要涉及政府间关系不同，城市地区的项目制运作主要涉及政府、社区和社会组织间的关系，管兵等（2016）的研究已经初步认识到了这一特点。其次，缺乏对项目制的类型学划分，目前仅有的研究是社会学家周飞舟（2012）对于财政项目的分类，以及周雪光（2015）基于"控制权"理论，对一些项目的类型学划分。因此，学界也缺乏对项目制创新模式的考察，尤其缺乏对于项目制创新模式的类型学分析，这部分是因为项目制类型学分析框架的缺乏。所以，现有研究尽管分别关注了政府购买公共服务和公益性创投，但仅仅局限于个案探索，并未将其放置在项目制研究视阈下展开，显得松散而孤立。如何从理论上认识项目制创新模式，是一个十分重要的话题。所谓项目制创新模式，是指地方政府在项目体制中实现政府多线动员的同时，吸纳社会力量加入项目运作，通过政社合作提升项目运作绩效的制度形式。对项目制创新模式的忽视，极有可能导致低估其在改进国家治理方式当中可能具有的地位。最后，现有的项目制研究主要关注的是项目制对于政府组织内部关系的重塑（史普原，2016；陈家建、张琼文、胡俞，2015），尤其是政府部门内部的多线动员（折晓叶、陈婴婴，2011；陈家建，2013），而忽视了社会力量在其中的作用，即使社会力量参与项目运作，也是政府动员的结果（冯猛，2009）。这其中的大部分原因在于当前项目制中很少出现政社合作。因为，作为一种全新国家治理形式的项目制，就其制度设计而言，是排除社会参与的。

　　基于上述考虑，本文将以上海市公共服务供给中的项目制创新模式为研究对象，试图从项目制创新模式的内在属性（专业性）维度和项目受益范围（开放性）维度，总体性把握项目制创新模式的类型，进而分析项目制创新模式的核心机制及其对项目体制的修正。同时，笔者在理论上希望能够借助项目制创新模式的经验材料，对黄晓春等人先前关于政府与社会组织关系的研究（如模糊性的政策环境、有侧重的打包发展策略、条块部门对于本地与非本地注册的社会组织的不同态度）做出回应（黄晓春，2015；黄晓春、嵇欣，2014），并探讨下一步的研究方向。最终，本文认为贯穿项目制创新模式的一条主线是吸纳社会力量，建立公共服务供给中的合作机制。从这个角度而言，项目制创新模式是推进合作治理的一个可能载体。

三　理论框架：基于项目内在属性和项目受益范围的分析

（一）两大分析维度的提出：项目属性维度和受益范围维度

　　基于前文的综述，现有文献对项目制的研究，缺乏一个相对完整的分类，即使周雪光用"控制权"理论对项目制进行分类，其行动者也仅仅局限在政府内部，无法一并考察社会力量参与其中的项目。因此需要设计一个分类框架，将目前国家治理中出现的项目制创新模式置于其中进行考察。本文试图从专业性和开放性两个维度分析项目制创新模式，进而通过案例分析展示其运作过程。[①]

[①] 文中的"专业性"是一个相对的概念，因为在某些情况下专业性可能根据项目发包方的要求不同而发生改变，如社区微项目就是一例。不过，政府购买社会组织公共服务和公益性创意投标的专业性是学界公认比较高的。开放性指的是公共服务项目的受益范围。一般而言，政府购买公共服务项目只是针对特定辖区内的公众，而随着公共服务项目开放性的提升，一些辖区外的公众也能够享受某些项目提供的服务，如本文中的公益性创意投标和社区公共服务综合体（CS 幸福港）。

1. 公共服务项目专业性和非专业性之间的张力

通过政策的属性和领域对其进行类型学划分是政策科学长久以来的一种流行方法，尽管这种类型学分析难以穷尽所有政策类型，但这依然给本文的项目类型划分提供了依据。实际上，公共服务质量的提升不仅依赖项目制动员条线部门，更需要动员社会力量参与，从而知晓公众的真实需求，使得他们获得参与效能感，最终提升服务效果，这是早先项目制文献忽视的一个重要方面。托马斯为回答公众参与究竟适合哪种类型的公共政策，从政策科学性和大众接受度两个维度对公共政策进行了划分，认为科学性强的公共政策对公众参与的要求较低（托马斯，2010）。因此，本文认为理解项目制创新模式的维度之一便是项目专业性的高低。

对于专业性强的公共服务，如老年人看护和居家养老、残疾人照料等，政府的策略一般是通过财政预算，划拨专项资金，根据政府购买公共服务目录，通过委托项目和公开招投标的形式购买社会组织的公共服务。而对一些专业性要求较低的公共服务，或者需要调动广大社区居民参与积极性的项目，政府一般按照一定流程，吸纳有才能的个人、小团队，或者采取社区共治的方式提供公共服务，如爱心义演、作业辅导、潮汐式停车等。

2. 公共服务受益范围的演变

地方政府提供的公共服务几乎都是俱乐部产品，即服务于特定的辖区居民。这是行政主导下的地方公共服务供给中的必然现象，因为政府具有属地性（government in the city）。然而，随着社会力量的参与，这种辖区限制逐渐降低，越来越多的辖区外公众可以享受公共服务。这也就意味着一些准公共产品开放性逐渐变高，开始向纯公共产品靠拢，例如2009年至2013年8月间上海市的社区公益招投标项目中有422个项目是服务于2个及以上街道的，占总项目数（942个）的44.8%（管兵、夏瑛，2016）。但是，无论如何这些项目在这个连续统中永远也不会靠近纯公共产品。

（二）基于项目属性和受益范围的二维分析框架

由此，本文形成了一个 2×2 的理论框架，用以分析目前上海市的项目制创新模式，形成了定向型项目、开放式项目、微缩版项目与共享型项目四种类型（见图1）。

1. 专业性强－开放性弱：定向型项目

定向型项目具有专业性强的特点，且其只向特定辖区内的公众开放，对其他辖区内的公众具有鲜明的排他性。因此，政府缺乏所需的专业知识以提供专业性的公共服务，保证公共服务供给质量，如助残服务、为老服务等。理性的选择便是，政府通过定向委托或者招投标的形式向社会组织购买公共服务。不过，在定向型项目中，政府一般通过服务清单目录、招投标标书规定了项目的实施内容和细节，社会组织只需负责具体的项目运作。因此，社会组织几乎没有自由裁量权。政府购买社会组织公共服务是定向型项目的典型形式。

2. 专业性强－开放性强：开放式项目

与定向型项目类似的是，开放式项目同样具有专业性强的特点。然而，服务公众的开放性与服务内容的开放性是其区别于定向型项目的主要特质。服务公众的开放性是指，开放式项目提供的公共服务可以面

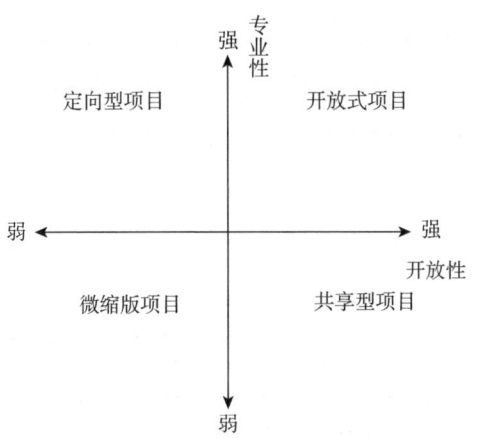

图1 项目制创新模式的二维分析框架

向辖区外公众，尽管这个范围受到一定限制。服务内容的开放性是指，对于开放式项目提供的公共服务，政府只提供清单目录和项目资金，具体内容和细节需要竞标社会组织通过调研获取公众的真实需求加以设计和运作。开放式项目的典型案例便是上海市目前正在实践的公益性创意投标。

3. 专业性弱–开放性弱：微缩版项目

微缩版项目是大型项目的缩小版，具有专业性弱——尽管也具有一定的专业性——和只向特定辖区公众开放的特征。一般而言，微缩版项目的资金来源于政府的财政专项支持，或者来源于政府和社会共同资助的基金会。值得注意的是，微缩版项目的资金额度比较小，主要由社区居民或草根团队向街道（社区）相关部门申请，由专家组审核通过。社区的角色在于协调和监管。对于微缩版项目来说，其核心特质在于具有一技之长或者公益精神的社区居民及团队得以参与到社区公共服务供给中，形成社区居民的"自我服务"。上海市TQ街道推进的社区微项目便是微缩版项目的典型。

4. 专业性弱–开放性强：共享型项目

共享型项目具有大众化、受益范围开放的特点。首先，共享型项目主要是社区多元共治背景下的共治项目，例如相亲交友、公益讲座等。它们一般由驻区单位提供资源，但是运作形式有两种。一方面，驻区单位可派专人负责运作项目，如公益讲座、慈善演出等；另一方面，驻区单位可聘请社会组织运作项目，如相亲交友活动等。[①] 其次，共享型项

[①] 实际上，社区公共服务综合体的初衷是试图将街道行政类服务项目、政府购买公共服务项目和社区共治项目全部纳入其中。但是，笔者2015年底和2016年中曾先后前往CS街道调研。令人遗憾的是，只有党建服务项目和社区共治项目被纳入了社区公共服务综合体，而社区共治项目远远多于党建服务项目，原先的政策目标尚未完全实现。因此，该综合体被视为社区共治项目的集合也未尝不可。另外，需要指出的是，尽管一些驻区单位通过聘请社会组织参与共治项目运作，但这与政府购买社会组织公共服务存在本质区别，因为政府购买社会组织公共服务早已制度化，需要在政府采购平台上运作。然而，驻区单位一般都是企事业单位，它们购买社会组织服务只需按照本单位的规定流程运作即可。而且，由社会组织运作的共治项目数量也并不是很多。

目的受益范围比较开放，其不仅针对辖区居民，任何有兴趣的人员都可以参与其中。上海市 CS 街道的社区公共服务综合体就是共享型项目的典型。

（三）案例分析

上文通过专业性和开放性两大维度，抽象出了项目制创新模式的类型学框架，形成了四种不同类型的项目制创新模式。为方便后续分析，本文将选取上海市 A 区 JS 街道的政府购买 LQ 人民调解工作室的人民调解服务作为定向型项目的典型案例，选取"萤火虫自然亲子学堂"项目作为开放式项目的典型案例，选取 TQ 街道"社区音乐大放送"项目作为微缩版项目的典型案例，选取 CS 幸福港作为共享型项目的典型案例（见表1）。① 这些材料一方面来自政府文件和网络资源，另一方面来自笔者在 TQ 街道、CS 街道、QYL 街道、WLQ 街道和 KJ 街道等地的调研。

1. 专业人做专业事：政府目录定内容，社会组织专业化运作

上海是中国大陆推进政府购买社会组织服务最早的地区之一。社会组织的公共服务以专业化和高性价比等特点成为政府不再直接生产

---

① 针对文中所用案例的代表性，笔者仅做几点必要的说明。首先，政府购买社会组织公共服务和公益创投在实践中都属于政府购买领域，具备很强的专业性，主要发包方是市、区和街道。上海市从 2002 年开始推进政府购买服务工作。据学者统计，目前上海市每年投入数亿元购买社会组织公共服务，可见其总量之庞大，其中从 2009 年到 2013 年 8 月 1 日，共有 356 个组织承接了 942 项公益创投服务项目（管兵、夏瑛，2016）。尽管现在二者的覆盖范围已经十分广泛，但是纠纷调解和亲子环保类项目是两类政府购买服务的典型案例，能够从一个侧面反映问题。其次，微项目或者社区自治项目在上海市所有区、街道都普遍存在，其主要发包方是街、镇，但是承载方是居民区。TQ 街道的微项目已经成功推出两届，普陀区"同心家园"自治项目已经开启第三批（项目编号为 2001 - 3000），这类项目的特点是资金规模小、社会参与性强、立足于以解决居民的急难愁盼问题为契机促进居民自治，"社区音乐大放送"项目可在一定程度上体现代表性。客观而言，微项目或自治项目体量庞大，各区口径ోలπ在差异，具体数字难以统计。再次，CS 幸福港虽然是 CS 街道的"首创"，但是共治项目是上海市区域化党建工作的成果，在上海市全市范围内都具有很强的典型性，承载方主要是居民区和驻区单位。最后，本文使用的案例也考虑到了资料可得性问题，尽管可能还有比文中案例更具典型意义的案例存在。

表 1　项目制创新模式类型、典型与案例一览

类型	定向型项目	开放式项目	微缩版项目	共享型项目
典型	政府购买社会组织公共服务	公益性创意投标	社区微项目	社区公共服务综合体
案例	LQ 人民调解工作室	萤火虫自然亲子学堂	社区音乐大放送	CS 幸福港

专业性强的公共服务的重要依据。人民调解工作亟须具有良好专业素质和沟通技巧的人民调解员，毫无疑问具有高度专业性的特质。因此，政府将其外包给社会组织就成了理性选择。正如 QYL 街道自治办 J 主任所言：

> 居委会（工作）一般分为五个条块：民生保障、市容卫生、综治调解、计生妇联和文化宣传。有些工作专业性比较强，比如纠纷调解，光靠社工和群众团队很难；有些工作，比如综合治理，是可以通过社区自组织、志愿者协助居委会完成的。（QYLJDFTJL - 2016 - 07 - 22 - 01）

2003 年，上海市 A 区 JS 街道 LQ 人民调解工作室成立，影响力不断提升。A 区 JS 街道根据上海市政府购买社会组织公共服务目录，通过委托项目的形式，每年投入 20 万元购买其调解服务。多年来，每年通过工作室调处矛盾纠纷的数量始终不低于街道总量的 40%，其中疑难纠纷不低于总量的 90%，调解成功率达 95%，工作室真正成为社区居民的"老娘舅"。2013 年 2 月起，工作室在社区综治中心设服务窗口，与司法、公安、信访等部门联动，在第一时间化解纠纷。①

调解纠纷是 LQ 人民调解工作室的主要工作，其成功调解的关键在

---

① 《上海"两新"党建活动：上海 LQ 人民调解工作室工作情况介绍》，2016，上海"两新"党建网，出处：∥www.shlxhd.gov.cn/DJ/Detail.aspx? id = 1005721，最后访问日期：2017 年 10 月 18 日。

于专业化运作。首先，建立工作制度，为专业化运作奠定基础。LQ 人民调解工作室以为民服务为宗旨，以维护社区和谐稳定为首任，以夯实业务基础为重点，制定工作人员守则、信访代理工作室职责、工作室承诺服务制度、人民调解室调解纪律等工作制度，充分发挥工作室人民调解、信访代理、法律咨询、倾听诉求的职能和作用。① 其次，推动人员专业化，强化人民调解的人力资源基础。工作室常年聘用 5 名调解员，成为人民调解工作专业化运作的骨干。同时，建立居民区人民调解队伍，提升其调解水平和工作能力。工作室还建立了一个具有 JS 社区品牌效应的"调解联络网"，每月对各居民区调解队伍开展一次业务培训，力争做到小事不出居委会，大事、难事不出街道，推动了人民调解工作在社区的有效开展。② 最后，LQ 人民调解工作室的专业性还体现在扩展组织边界、提升社会合法性上。工作室通过工作责任书、联建共建协议书的签订，搭建了街/镇、居/村两级调委会的纵向工作网络，以及与公安、工商、信访、物业等有关部门、其他社会组织协调配合的横向网络，有效地服务了辖区居民。

目前，LQ 人民调解工作室不仅负责该街道的纠纷调解工作，同时负责 110 处置工作，两项工作的接收率高达 98% 以上（访谈资料，JSJDFT - 2016 - 03 - 15）。2003 年以来，JS 街道通过每年从财政预算（包括福利彩票金）中拨出 20 万元资金，定向购买 LQ 人民调解工作室的调解服务，让专业人做专业事，极大地提高了纠纷调解水平，服务了 JS 街道的群众，维护了社会稳定。

2. "想" + "做"：政府目录做参考，社会组织包办设计和运作

政府购买社会组织公共服务项目通过提高专业化水平，确实提升

---

① 《上海"两新"党建活动：上海 LQ 人民调解工作室工作情况介绍》，2016，上海"两新"党建网，http://www.shlxhd.gov.cn/DJ/Detail.aspx？id = 1005261，最后访问日期：2017 年 10 月 18 日。
② 《上海"两新"党建活动：上海 LQ 人民调解工作室工作情况介绍》，2016，上海"两新"党建网，http://www.shlxhd.gov.cn/DJ/Detail.aspx？id = 1005261，最后访问日期：2017 年 10 月 18 日。

了公共服务质量。然而，这其中的前提是政府能够识别社区居民的真实需求。值得注意的是，政府在现实中是具有信息劣势的，因此其不一定能准确识别居民的真实需求。不过，社会组织可以通过调研等形式，了解居民的真实诉求，并通过专业化的公共服务实现精准对接。鉴于此，公益性创意招投标作为政府购买公共服务的改进版就应运而生了。

2009 年上海市开始推进公益性创投和招投标工作，投入 5000 万元福利彩票收益资助公益服务和公益设施。多年来，资助金额不断上扬，公益创投逐渐在公共服务领域占据一席之地。2014 年，"萤火虫自然亲子学堂"项目成功获得公益性创投 20 万元资助，致力于为上海市甚至周边地区的孩子了解自然、接近自然提供服务。

"萤火虫自然亲子学堂"项目具备专业性强的特点。经过前期对项目投标书和社会组织资质的审核，项目执行团队的专业素质得到了专家的认可，成为当年公益性创投十大项目之一。另外，"萤火虫自然亲子学堂"项目的专业性还体现为以下几点。首先，通过市场调研和网络调研了解受众群体对于公共服务的真实需求。项目执行方通过深入社区座谈、调研等形式，了解目标群体对于亲子教育的具体形式、活动地点的要求和偏好；另外，通过网络问卷进一步收集目标群体的偏好，为其项目设计和运作提供决策信息。其次，设计专业性活动，满足家长和适龄儿童的需求。项目执行团队于 2014 年初开始面向上海地区亲子家庭开发的因时因地制宜的自然教育活动，每月一期，涵盖植物、动物、农业、湿地、水教育、生命教育等内容，立足本地，融合乡土教育元素，通过自然小游戏、微观之旅等形式，帮助城市亲子家庭系统而全面地了解本地的生态环境及环境问题，激发参与者热爱自然、热爱生命、热爱家乡的情怀。[①] 最后，活动运作均由专业人士负责。例如，"我的秘密花园"活动，项目执行方就聘请了同济大学相关专业的教

---

① 《"青年影响社会，公益照亮梦想"2014 年度上海十大青年公益创投项目评选》，2016，http://qnyxsh.shyouth.net/DownStage/UI/Project/view.aspx?id=916，最后访问日期：2017 年 7 月 17 日。

授，以及具有成功项目执行经历的专业人士进行讲授和操作，获得了家长们的一致好评。

"萤火虫自然亲子学堂"项目同样具备高度的开放性。尽管该项目在投标书中是落户于上海市 XH 区的，但是其具备很强的开放性。一方面，项目执行方竞标项目的初衷是致力于解决自然教育辐射面窄、受益面过于局限的问题①；另一方面，项目通过网上报名的方式吸引了来自 XH 区、全上海乃至周边地区的家长和孩子参与，帮助他们一起了解自然、接近自然，增强环保意识。

与前文的 LQ 人民调解工作室案例相比，"萤火虫自然亲子学堂"项目的执行方在项目设计和运作中具备了更多的自主性。更为重要的是，后者的受众范围更加广泛，在连续统上开始由俱乐部产品向纯公共物品方向演化，尽管只能无限接近。

3. 促进自我服务和社区善治：政府搭台，群众唱戏

与上述两种创新模式相区别的是，社区微项目具有专业性弱的特点。不过，其服务对象一般局限于本社区居民。2010 年初，上海市 TQ 街道民生基金启动，其主要来源是政府财政和公众的"慈善公益联合捐"。随着民生基金的发展，其资助范围从公益创投、公益大赛扩展到了微项目。"社区音乐大放送"项目就是其中之一。

首先，"社区音乐大放送"微项目的专业性相对较低。与公益创投等项目扶持社会组织参与不同，微项目具有门槛低的特点，其扶持的是社区居民和草根团队。TQ 街道的居民和草根自治组织，只要具有公益心和一技之长就可以撰写"公益项目策划书"，向社区社会组织活动中心申请项目。"社区音乐大放送"项目就是社区内的三个年轻人，希望通过每周定期在社区广场上进行义演，吸引社区居民现场"围观"、交谈，调节邻里关系，增进社会资本。毫无疑问，这并不需要专业的演唱

---

① 《"青年影响社会，公益照亮梦想"2014 年度上海十大青年公益创投项目评选》，2016，http://qnyxsh. shyouth. net/DownStage/UI/Project/view. aspx? id = 916，最后访问日期：2017 年 7 月 17 日。

水平和设备，但却能极大地促进社区居民参与自我服务和社区自治的热情。

其次，微项目具有严格的技术理性。一方面，社区通过社会组织活动中心组织评审专家对策划书进行评审；另一方面，社区对于中标项目有严格的规定，如项目资金分启动后和评估后两个阶段发放、社区和社会组织活动中心对项目运作进行过程监管、项目完成后组织专家和群众对项目效果进行评估等。"社区音乐大放送"项目就曾因为下雨天取消演出前未及时通知社区居委会，而在检查时被发现"擅离职守"，被要求说明原因的情况。

最后，项目的开放性较弱。根据 TQ 微项目的操作规定，其申请只能以居民区为单位，这就意味着项目的服务对象一般是本居民区居民。同时，"音乐大放送"项目使用的是本居民区的露天广场和活动室，这种场地限制也使得微项目的受众只能局限于本居民区居民。

社区微项目在行政服务、政府购买公共服务和公益性创投之外，有效地填补了三者的疏漏。同时，微项目调动了社区居民参与社区自治的热情，培育了社区居民的自我服务能力，为社区合作治理提供了崭新的思路。

4. 多元主体共同生产：社区服务综合体中的项目化运作

共享型项目的典型是 CS 幸福港，它是一个社区公共服务综合体，以专业性低的社区共治项目为主。不过，与微项目不同的是，其具有相当程度的开放性。CS 幸福港可谓是 CS 街道的一大创新，它把党建服务中心的基本服务项目和社区共治项目打包放入社区公共服务综合体。由此形成了多元主体共同生产的局面。

CS 幸福港通过多元主体共同提供公共服务，对专业性的要求不高。除了一小部分行政服务由党建服务中心提供外，CS 幸福港中的公益讲座、相亲交友活动均由相关驻区单位提供资源，由驻区单位或其聘请的社会组织以项目化形式举办，政府通过政治（授予党建先进个人、先进集体）、经济激励（给予积极参与社区共治的企业出资人以物质奖励)的方式使其得以持续。具体而言，政府通过整合社区和驻区单位的需求-资源信息，帮助社区和驻区单位牵线搭桥，实现资源和需求匹配，以共治项目的形式，帮助各主体开展党建、联建活动，提升其社区归属感。正如 CS 街道办 S 副主任所言：

> 我们已经把所有的共治项目都放入了 CS 幸福港……如果居民的需求不在社区成员单位的资源清单上，街道会通过其他方式创造资源，为居民提供服务。比如，需求信息会发布在网站上，帮助居民找到资源。最近的成功例子是 HZJ 美食总汇的厨师自带食材为 FR 花苑居民提供烹饪教学服务，当然这些服务都是公益性的。(CSJDFTJL-2015-11-17-01)

CS 幸福港的公共服务具有一定的开放性。一方面，以共治项目为载体的公益讲座、相亲交友、文艺会演等活动也欢迎其他街道的居民和企事业单位工作人员参与，扩大了公共服务的受益面。另一方面，当本街道驻区单位的资源和居民区需求匹配出现盈余时，街道办也会将资源信息发布在网上，寻求区域外匹配（访谈资料，CSJDFT-2015-11-25），实际上就是为辖区外公众提供公共产品。

毫无疑问，CS 幸福港是多元主体合作生产的典型案例。一方面，社会力量广泛参与公共服务供给，政府的作用被限定在协调信息和提供监管等方面。同时，社区资源开始向辖区外居民开放，提升了公共产品的供给效率。

（四）进一步的讨论

上文通过案例分析，将上海市四种项目制创新模式展现在了读者面前。需要注意的是，尽管提供项目制研究的新材料是十分必要的，但是以现有材料为基础，与先前研究进行对话也很关键。

1. 模糊性政策信号与分类扶持

先前的研究认为,中国政府对于社会组织的态度较为模糊,具体表现为出台的政策之间存在较大张力(黄晓春,2015)。但可以确定的一点是,公共服务类社会组织和草根群众团队是中国政府的重点扶持对象。换句话说,包括上海市政府在内的中国地方政府,对于发展公共服务类社会组织和草根团队的政策信号是相当明确的。当然上海市政府对公共服务类社会组织和草根团队的资源投入,以及对下级政府的绩效考核都是打包到社区建设工作中的。

但是,正如上文所提及的,参与基层公共服务供给的有两类组织:社会组织和草根群众团队。政府购买社会组织公共服务及其升级版公益性创意投标主要针对的是专业性较强的社会组织,政府通过政策引导和资源投入,吸引其参与城市社会治理,成为政府公共服务的有效延伸。微缩版项目和共享型项目则是以自治项目和共治项目为纽带,激发社区居民、驻区单位的积极性,鼓励他们以自组织的形式实现自我服务,促进社区自治和共治。

2. 条块差异:本土性与外生性

黄晓春等人的研究发现,"块"更倾向于购买本地社会组织的公共服务,而"条"则更倾向于专业性强的社会组织,这就是非协同治理的表现之一(黄晓春、嵇欣,2014)。本文的案例研究同样发现,"块"的公共服务承载方多是本土性组织,而"条"的公共服务承载方可以是外生性组织。

具体而言,街道更倾向于购买本地扶持、本地注册的社会组织的服务,如 LQ 人民调解工作室,或者倾向于自主培养社会组织、群众团队,作为微缩版项目和共享型项目的载体。民政局发包的公益性创意投标项目则更为强调专业性,项目的具体落实地可以不同于社会组织的注册地。

3. 培育+控制:地方政府发展社会力量的逻辑

培育社会力量参与社会治理,形成多元共治的局面,是党的十八大和十八届三中全会的重要精神。培育社会力量的同时，国家的控制逻辑也渗透其中。应该说，中国社会力量的发展是地方政府两种逻辑混合作用的结果。

在本文的案例中，地方政府主要是通过资源投入和党建引领等方式来实现对社会力量的培育和控制的。众所周知的是，中国社会力量的发展离不开国家的扶持，而国家扶持的主要方式之一便是购买社会组织的服务，这主要体现在 LQ 人民调解工作室和"萤火虫自然亲子学堂项目"案例中。除此之外，政府还借鉴公益性创意投标经验，投入资源打造微项目平台，扶持社区群众团队。在上述三种项目制创新模式中，项目承接方如果缺少了政府的项目经费，其生存资源便会大打折扣，无法像现在一样蓬勃发展。实际上，这也是地方政府对社会力量实现有效控制的手段之一，即通过资源投入引导社会力量在公共服务供给中走在其所期望的轨道上。另外，地方党组织和政府一方面投入资源打造平台，另一方面重塑意识形态符号，实现对于社会力量的培育和控制，如 CS 街道在区域化党建过程中打造 CS 幸福港，将共治项目和自治团队、社会组织一起纳入统一培育和监管。

4. 政府间关系与政社关系：农村与城市的主要差异

无论是农村地区的项目，还是城市地区的项目，其投入主体都是各级政府，都是政府提供公共服务的重要载体。但是，二者之间也存在一系列区别。现有项目制文献主要探讨了项目制运作过程中政府之间（包括政府与村庄）的关系，这与项目下乡过程中"以县为主"、忽视其他基层组织的作用有关（周飞舟，2012）。与此相区别的是，项目制在城市地区的运作主要涉及政社关系，所涉及的社会力量包括社会组织和草根群众团队。

值得注意的是，城市地方政府实际上是非常希望将社会力量纳入社区治理的。从上文的案例可以发现，LQ 人民调解工作室实际上正在不断扩大自身的业务范围，成为 JS 街道建设和谐社区的左膀右臂，而微缩版项目中的群众团队也成为地方政府发动居民参与，促进社区自治的重要力量。同时，共享型项目中行政化力量与驻区单位、群众团队、社会组织在区域化党建的引领下通力合作，互惠互利，提升了驻区单位的社区归属感和社区居民的自我服务能力。因此，与项目制在农村地区瓦解基层社会不同（渠敬东，2012），实际上，项目制在城市地区在一定程度上从正向意义方面重塑了基层社会，社会组织和草根团队在其中发挥了极其重要的中介作用，这也是本文的经验材料给项目制研究所提供的最为重要的新发现。

四 项目制创新模式对项目制的修正及其转型

通过上文的类型学分析，四种类型的项目制创新模式得以展现在读者面前。尽管四种项目制创新模式特点各异，但是它们的共同点似乎更为重要，毕竟贯穿于其中的一条主线就是吸纳社会力量参与，实现政府和社会在公共服务供给中的合作。值得注意的是，这是其与现有文献中项目制的主要区别。

（一）项目制创新模式的核心机制

1. 分解

分解机制的主要体现是，四种项目制创新模式都实现了政府大规模资金的有效分解，加大了公共服务的弥散性。现有项目制文献中的项目大都建立在政府大规模投入的基础上，然而项目申请的"马太效应"容易导致资源集聚，形成"亮点"工程和政绩工程。因此，现有文献中的项目制在公共服务供给中无法解决受众面窄的问题。

与此不同的是，项目制创新模式的资金尽管绝大部分仍然来源于政府财政，但是其单个项目的金额变少。这使得资助项目的范围可以变得更加广泛，公共服务由此变得更具有弥散性。例如，LQ 人民调解工作室和"萤火虫自然亲子学堂"项目的经费仅为 20 万元。与此形成鲜明对比的是，上海市目前每年投入政府购买公共服务和公益性创意投标的财政经费分别达到了上亿元,以此为基础的项目数量可见一斑。同时,社区微项目的金额则更加低廉,仅为 3000~5000 元,16.7 万元就可以分解为 36 个项目,满足不同社区的诸多需求。① 另外,CS 幸福港中的多元主体合作生产极大地降低了政府项目成本,仅需少量财政经费即可推进公益讲座、相亲交友等项目的运作。

总结而言,项目制创新模式中的分解机制有利于消解原有体制中的"马太效应",将经济发展中的"抓亮点"逻辑改造成公共服务供给中的"补短板"逻辑,提升公共服务供给的弥散性,尽管四种模式的受益范围存在差异。

2. 精细化

习近平总书记将城市精细化治理比作"绣花"。作为城市治理重要组成部分的公共服务,其精细化机制的主要体现是,政府吸纳社会力量参与,由专门人员、专门机构服务特定项目,提升公共服务的专业性和覆盖面。

精细化机制一方面体现为服务的专业化,另一方面体现为服务的广覆盖。就专业化而言,社会组织能够在公共服务供给中以专业优势弥补政府的短板。例如,获得全国调解工作先进个人的 LQ 及其工作室具备极强的调解能力和精湛的调解技巧,极大地提升了人民调解的效果。"萤火虫自然亲子学堂"项目的执行团队对于儿童父母需求把握、亲子活动设计更具有专业优势,因此更能抓住受众需求,获得了活动场场爆满的效果。

就服务的覆盖面而言,社区居民、草根团队和驻区单位以微项目和共治项目提供的公益会演、相亲交友服务成了政府公共服务的重要补充。同时,社区草根团队、居民个人和驻区单位以微项目和共治项目为载体提供的公益义演、单身青年交友等活动,不仅针对所在地区居民,

---

① 《塘桥"投资"微公益:36 个项目 16.7 万 每人次不到 10 元》,2014,http://www.kankanews.com/a/2014-07-29/0015231623.shtml,最后访问日期:2017 年 6 月 6 日。

其他地区居民也可根据其自身需要享受相应服务。

3. 双向合作

吸纳社会力量参与公共服务供给是项目制创新模式最为显著的特点。双向合作具体表现为，政府和社会力量合作，各就其位、各司其职，即政府的责任主要在于资金支持、信息服务和提供监管，而社会力量则主要负责提供公共服务。最为重要的是，社会参与并非如现有文献所描述的那样，被动参与到项目运作当中，而是社会力量在主动、相对平等基础上的积极参与。最终，政社合作治理局面得以出现。但需要指出的是，与现有文献中上级政府对下级政府拥有强大控制权不同，政府和社区党组织（居委会）并不能使用行政命令链条指挥社会组织，尽管社会组织在很大程度上与政府之间的合作关系依旧是不平等的，社会组织在完成项目的同时，可能还会帮助政府完成一些"力所能及"的工作。

具体而言，LQ 人民调解工作室通过与政府形成伙伴关系，以政府每年 20 万元的财政资金为服务费，主动参与到解决社区纠纷、维护社会稳定的工作中来。同时，随着 LQ 人民调解工作室调解成功率的提升，工作室和街道还主动通过附加协议决定，由前者负责居民区人民调解员的培训，并与其他政府职能机构形成了横向合作网络。这其实也是 LQ 人民调解工作室在当前政府主导的制度环境下赢取合法性的重要策略，是其不断获得政府合同、拓展自身合法性的行动手段。"萤火虫自然亲子学堂"项目团队，通过主动参与公益性创投竞标，获得了政府的项目资助。同时，项目团队通过后续自主化、专业化的项目设计，增强了广大家长和少儿的环保意识，实现了政府的环境教育目标。社区微项目和 CS 幸福港中的共治项目则更为明显，政府为社区居民、草根组织和驻区单位提供资金、信息，搭建平台，而居民、草根组织和驻区单位通过提供自身的资源，以项目为载体实现了社区治理中的自我服务。尽管政府和社会力量在合作治理中的角色存在差异，但是二者之间已经在相对平等、自主的基础上建立了合作关系，这将是未来合作治理的一个重要前提。

(二) 项目制创新模式对项目制的修正

当前，项目制尽管在为社会大众提供公共服务方面发挥了极为重要的作用，尤其在惠民（农）、义务教育、基础设施和扶贫开发等方面成效显著。但是，无论这些项目应用在何种领域，是否和受助对象发生联系，其本质都是一致的——项目均由政府负责设计、实施和评估，社会公众只是较少，即使有的话，也是被动地参与项目运作。因此，大多数情况下项目制运作体现的是政府内部的"多线动员"（陈家建，2013），是跨部门间的合作治理。然而，这一体制正遇到越来越大的内卷化难题，如官僚逻辑与民生逻辑之间的张力、迎检逻辑与服务逻辑之间的张力和村庄分化等（张良，2013；李祖佩，2013）。这些难题背后凸显的是项目制运作行政化逻辑和公共服务提供社会化逻辑之间的冲突。值得庆幸的是，上海市的项目制创新模式在很大程度上对上述问题实现了修正。

首先，社会化力量的参与在某种程度上提升了公共服务的精细化水平，尽管专业性程度存在差异。四种项目制创新模式都引入了社会组织和居民个人的参与，实现了政府和社会力量的合作。正如上文所述，四种模式要么提升了公共服务的专业化水平，要么扩大了公共服务在项目领域和受益人群上的覆盖面。

其次，项目的分解机制和开放特征消解了项目体制中的"马太效应"。大项目大发展，小项目小发展，没项目不发展，是"项目治国"的真实写照。然而，项目具有规模效应，容易造成"抓包方"之间的分化，使得公共服务无法惠及全民。不过，项目制创新模式有效地实现了项目资金的分解，增强了公共服务的弥散性，使得其能够惠及更大范围的公众。同时，鉴于"萤火虫自然亲子学堂"等开放式项目和CS幸福港等共享型项目在受益范围上具备高度的开放性，更多的公众能够享受到差别化的公共服务。

再次，社会化力量的参与提升了国家治理的基础性权力，使得国家常态治理成为可能，运动式治理等非正式制度的运作空间减少。运动式治理是中国政治中的一个重要机制（李振，2015），其根源在于国家治理资源的缺乏。通过吸纳社会力量，借助政府与社会合作，社会资源成了国家治理资源的一部分，缓解了国家治理资源贫瘠的状况。社会组织和公众个人在纠纷调解、亲子服务、社区服务等领域的参与，可以帮助国家资源实现退出，最终加入其他更为重要的领域，实现国家治理资源的合理配置。毫无疑问，运动式治理的结构性根源得以削弱，常态治理成为可能。

最后，政府的部分退出和有所为有所不为，消解了官僚逻辑对公共服务质量的侵蚀，提升了公众对于政府的信任感。由于政府在大多数项目中掌握了绝对主导权，项目制在运作过程中会产生官僚迎检逻辑对于民生服务逻辑的置换，尤其是由此而来的运动式治理显著降低了公共服务的质量。随着社会力量的参与，社会逻辑必然会侵蚀行政逻辑的空间，不断以民众真实需求为依归，提升公共服务质量，这也是本文四种项目制创新模式案例所展现出来的。

（三）项目化治理之后：以项目为平台的合作治理

目前，项目制已成为中国国家治理的一个重要手段，不断塑造着中国官僚体制的运作逻辑。可以这么说，项目制的未来关乎中国政治的发展，项目制的完善也牵涉中国现有政策体制的韧性。不容忽视的问题是，政府行政力量主导的项目制在公共服务供给中遭遇到了越来越大的困难，最为突出的便是不断增加投入的发展型政府模式不再适应服务型政府建设的需要，公共服务供给中的社会协同成为必需。换句话说，项目制的改革，不仅需要保留现有体制中的多线动员传统，更需要吸纳社会力量，聚合国家治理资源，实现国家与社会的合作，提升项目内容的专业性和准确性。正如 QYL 街道自治办 J 主任所言：

项目化治理需要动员社会各方面参与。其实啊，政府花10万~20万元做项目，就可以动员社会参与，这样可以减少政府的大包大揽行为。(QYLJDFTJL - 2016 - 07 - 22 - 01)

具体而言，以项目为平台，实现地方层面的合作治理需要从以下三方面着手。

第一，依据公共服务特性引入社会力量参与，推动国家和社会合作，共同提供公共服务。政策属性是学者构建政策分类框架的一个重要维度，尤其对于与公众参与相关的研究而言，政策的专业性更是极为重要的变量。项目作为中央和各级地方政府政策的落实平台，毫无疑问也适用于此种分类。政府和社区党组织（居委会）需要根据公共服务特性，确定社会力量参与公共服务供给的范围和方式，最终一方面通过专业化力量提升公共服务质量，获得绩效合法性，另一方面吸纳社会参与，集聚其对于地方治理程序合法性的认可。

第二，提升项目体制中的政社协同水平。国家治理资源贫乏的理性选择不仅仅是运动式治理，更需要引入社会力量参与。社会参与只是第一步，在此基础上需要构建政府和社会的合作机制。恰当地界定政府和社会的边界，确保公共服务供给中政府和社会互不越界，尤其是避免政府对于社会化力量在提供专业服务过程中的不必要干涉，促使二者各居其位、各得其所、相得益彰，这是合作治理取得成功的保证。

第三，实现合作治理制度化。政社合作治理已成为公共服务项目运作中的一个新现象，政府和社会力量以项目为纽带形成了暂时的合作共事关系。然而，由于项目具有事本主义特性，政府与公众的共事行为极有可能因为项目的中断而终结，冯猛（2015）对于东北特拉河镇大鹅养殖项目中地方政府与农民共事行为的分析就证明了这一点。如何将以项目为平台建立的政社合作关系制度化是地方政府实现有效治理中必须解决的重要问题，也是地方治理实现常态化的重要前提。

五　结语：提升社会协同水平，推进公共服务供给中的合作治理

目前，常规化行政治理和政府主导的项目制在公共服务供给中遭遇到了巨大困难，其本质在于公共服务供给和促进经济发展之间存在显著差异，因为公共服务要求面面俱到，而经济发展通过"试点"等机制即可取得出色的成绩。具体而言，项目制在经济发展中能够产生示范效应的以点带面机制无法在公共服务领域运作，政府目标管理责任制导向下的官僚逻辑与公众对于公共产品真实需求的民生逻辑存在重大张力。概而言之，政府的行政逻辑无法替代社会逻辑，满足公众多样化的公共服务需求。

随着行政逻辑的发展，项目制的运作遭遇了越来越大的内卷化问题，最为突出的就是地方政府单方面的投入难以为继。鉴于此，地方政府不得不对项目体制进行一系列创新，如政府购买社会组织公共服务（定向型项目）、公益性创投（开放式项目）、社区微项目（微缩版项目）和社区公共服务综合体（共享型项目）成为上海市政府提供公共服务的重要方式。尽管地方政府的创新动机不一、实现形式各异，但是地方政府对项目制的创新始终贯穿着一条主线，即吸纳社会力量参与，实现多元主体协同，整合社会治理资源，提升公共服务质量。上文通过二维分析框架对上海市的项目制创新模式进行了理论分析和深入讨论，并阐释了作为其核心机制的分解、精细化和双向合作，还对未来的合作治理进行了初步展望。

随着以平等、自主等为核心要素的公民意识的觉醒，社会公众需要更为多样化的公共服务，也希望更加平等地参与公共服务供给，更加平等地享受公共服务，希望发挥自身优势自主加入社会治理。值得注意的是，这是传统官僚制载体所无法吸纳的。因此，全国各地，尤其是上海等大城市开始探索以项目制为载体，吸纳拥有专业优势的社会组织、社

区草根组织和社区公众自主参与项目设计和运作,提升公共服务的专业化水平,实现社会协同。项目制创新模式就是政府提升治理韧性,充分利用社会资源的例证。同时,以项目为载体,推进政社合作,实现多元协同,发挥强国家在这一过程中的主导作用,是转型社会实现合作治理的重要路径。

  政府购买社会组织公共服务是合作治理的重要体现,学术界对其已经有了较为充分的研究。但是学术界对本文中所分析的公益性创投、社区微项目、社区公共服务综合体等形式作为合作治理的重要载体尚未给予充分关注。实际上,地方政府对于当前项目制的创新,尤其是在公共服务领域引入社会力量,推进政社合作也是中国治理体制拥有韧性和适应性的重要体现。现有文献对中国体制韧性和适应性的研究主要集中在决策体制,如政治协商会议(Yan,2011)、专家参与(朱旭峰,2011)、游击战式政策执行体制(Heilmann & Perry,2011)等方面,较少关注公共服务中的合作治理对于提升体制韧性的作用,因此,这有待学界进一步关注。实际上,项目制背景下政社合作机制中政府不同角色及其对于社区治理结构和治理绩效的影响也可以成为后续研究的主题。同时,作为"块"的地方政府在何种条件下倾向于购买本地注册的社会组织的服务也值得深入挖掘,因为笔者在上海市 WLQ 街道和 KJ 街道的田野调查均发现,地方主管官员更倾向于聘用更为"听话""更有能力"的社会组织,而不仅仅看重其本土性(WLQJDFTJL2016 - 08 - 09;KJJDFTJL2017 - 08 - 04)。

【参考文献】

陈家建,2013,《项目制与基层政府动员——对社会管理项目化运作的社会学考察》,《中国社会科学》第 2 期,第 64~79 页。

陈家建、张琼文、胡俞,2015,《项目制与政府间权责关系演变:机制及其影响》,《社会》第 5 期,第 1~24 页。

陈水生，2014，《项目制的执行过程与运作逻辑——对文化惠民工程的政策学考察》，《公共行政评论》第3期，第133~156页。

狄金华，2015，《政策性负担、信息督查与逆向软预算约束——对项目运作中地方政府组织行为的一个解释》，《社会学研究》第6期，第49~72页。

冯猛，2009，《后农业税费时代乡镇政府的项目包装行为——以东北特拉河镇为例》，《社会》第4期，第59~78页。

冯猛，2015，《项目制下的"政府-农民"共事行为分析——基于东北特拉河镇的长时段观察》，《南京农业大学学报》（社会科学版）第5期，第1~12页。

付伟、焦长权，2015，《"协调型"政权：项目制运作下的乡镇政府》，《社会学研究》第2期，第98~123页。

管兵、夏瑛，2016，《政府购买服务的制度选择及治理效果：项目制、单位制、混合制》，《管理世界》第6期，第24~39页。

黄晓春、嵇欣，2014，《非协同治理与策略性应对——社会组织自主性研究的一个理论框架》，《社会学研究》第6期，第98~123页。

黄晓春，2015，《当代中国社会组织的制度环境与发展》，《中国社会科学》第9期，第146~164页。

黄宗智、龚为纲、高原，2014，《"项目制"的运作机制和效果是"合理化"吗？》，《开放时代》第5期，第143~159页。

李祖佩，2013，《项目进村与乡村治理重构——一项基于村庄本位的考察》，《中国农村观察》第4期，第2~13页。

李振，2015，《中国政治运作传统机制的延续：从革命时代到改革时代》，《马克思主义与现实》第3期，第185~190页。

渠敬东，2012，《项目制：一种新的国家治理体制》，《中国社会科学》第5期，第113~130页。

史普原，2016，《政府组织间的权责配置——兼论"项目制"》，《社会学研究》第2期，第123~148页。

唐皇凤，2007，《常态社会与运动式治理——中国社会治安治理中"严打"政策研究》，《开放时代》第3期，第115~129页。

托马斯，克莱顿，约翰，2010，《公共决策中的公民参与》，孙柏瑛等译，中国人民大学出版社。

张良，2013，《"项目治国"的成效与限度——以国家公共文化服务体系示范区（项目）为分析对象》，《人文杂志》第 1 期，第 114~121 页。

折晓叶、陈婴婴，2011，《项目制的分级运作机制和治理逻辑——对"项目进村"案例的社会学分析》，《中国社会科学》第 4 期，第 126~148 页。

郑世林，2016，《中国政府经济治理的项目体制研究》，《中国软科学》第 2 期，第 23~38 页。

周飞舟，2012，《财政资金的专项化及其问题——兼论"项目治国"》，《社会》第 1 期，第 1~37 页。

周雪光、程宇，2012，《通往集体债务之路：政府组织、社会制度与乡村中国的公共产品供给》，《公共行政评论》第 1 期，第 46~77 页。

周雪光，2015，《项目制：一个"控制权"理论视角》，《开放时代》第 2 期，第 82~102 页。

朱旭峰，2011，《中国社会政策变迁中的专家参与模式研究》，《社会学研究》第 2 期，第 1~28 页。

Heilmann, Sebastian and Perry, Elizabeth J. . 2011. "Embracing Uncertainty: Guerrilla Policy Style and Adaptive Governance in China," in Heilmann, Sebastian, and Perry, Elizabeth J. eds, *Mao's Invisible Hand: The Political Foundations of Adaptive Governance in China.* Cambridge: Harvard University Asia Center, p. 5.

Yan, Xiaojun. 2011. "Regime Inclusion and the Resilience of Authoritarianism: The Local People's Political Consultative Conference in Post-Mao Chinese Politics," *The China Journal*, (66): 53 - 75.

书 评
BOOK REVIEW

慈善新前沿的雏形与未来

——评《撬动公益：慈善和社会投资新前沿导论》*

叶托 周婷**

20世纪末以来，越来越多的理论研究者和实务工作者意识到，慈善的世界正在经历一场影响深远的变革。支持这场变革的核心理念是，"源自私人部门的市场机制能够激活非营利的世界"，社会资本市场可以像私人资本市场一样有效（Kaplan & Grossman，2010）。进入21世纪之后，这场变革的波及范围变得愈加宽广，影响程度也渐趋深远，非营利部门、私人部门和公共部门都积极主动地参与了进来（凯欧翰，2016）。在这样的背景下，莱斯特·M.萨拉蒙教授于2014年在牛津大学出版社组织出版了两本著作：一本名为《撬动公益：慈善和社会投资新前沿导论》(Leverage for Good: An Introduction to the New Frontiers of

---

* 基金项目：教育部人文社会科学研究青年基金项目"政府购买公共服务中的知识共享及其治理研究"（项目编号：17YJC630201）；广东省哲学社会科学规划项目"政府购买公共服务的问责体系研究：基于模式-机制-工具的维度"（项目编号：GD16CZZ01）；2015年广州市哲学社会科学发展"十二五"规划课题"广州市政府购买公共服务的质量控制体系构建研究"（项目编号：15G09）；华南理工大学中央高校基本科研业务费资助"我国政府与社会组织合作提供公共服务的影响因素、演化路径与优化对策研究"（项目编号：XZD13）。

** 叶托，华南理工大学公共管理学院副教授、硕士生导师，研究方向为社会治理与社会组织，E-mail：payetuo@scut.edu.cn。周婷，华南理工大学公共管理学院硕士研究生。

Philanthropy and Social Investment,以下简称《撬动公益》),由他本人独著;另外一本名为《慈善的新前沿:重塑全球慈善和社会投资的新主体和工具指南》(*New Frontiers of Philanthropy: A Guide to the New Actors and Tools Reshaping Global Philanthropy and Social Investing*),由他担任主编,30多位学者参与撰写。前一本书相当于后一本书的导论。正如克雷斯吉基金会(Kresge Foundation)主席瑞普·拉普森(Rip Rapson)在《撬动公益》序言中所说的,萨拉蒙试图通过这两本书,为慈善世界的这场变革"构建一个逻辑连贯、内容综合、观点有力的分析框架,可以将一堆相互割裂的碎片拼接为一个浑然天成的整体"。《非营利与志愿部门季刊》(*Nonprofit and Voluntary Sector Quarterly*)的一篇书评认为,这两本书将成为"21世纪从事慈善、影响力投资和社会企业研究的学者们的必备参考书"(Reiser,2015:857)。本文将对《撬动公益》一书进行简单的介绍和评论。

一 从"结社革命"到"慈善新前沿"

毋庸置疑的是,萨拉蒙教授具有非常敏锐的学术洞察力,常常在一个新趋势的萌芽阶段便能对之做出精准的判断和深入的分析。早在1994年,萨拉蒙就在《外交事务》(*Foreign Affairs*)上发表过一篇颇具影响力的文章,文中提出了一个十分著名的观点——一场"结社革命"(associational revolution)在20世纪后期席卷了全球。这次结社革命的背后是,福利国家的财政和政治危机迫使政府向"第三方政府"转型,利用非营利组织来提供一些原本由政府机构直接提供的公共服务。也就是说,政府与非营利组织的这种伙伴关系是非营利部门兴起的重要原因之一。萨拉蒙针对美国非营利组织开展的大规模问卷调查也证实了上述论点,因为这些调查清楚地表明"即使排除了医院和大学,整个国家非营利人类服务组织最大的收入来源也根本不是私人捐赠,而是政府"(萨拉蒙,2008:67)。通过对结社革命的深刻分析,萨拉蒙让人们意识到，政府与非营利部门不再单打独斗，而是结成同盟来应对人类面临的诸多棘手问题。

在《撬动公益》一书中，萨拉蒙将视角从政府与非营利部门的关系转向了市场与非营利部门的关系。他敏锐地发现，营利性公司和非营利组织之间的传统区分已经不再适用于新形势，非营利组织正试图吸引私人资本市场中的巨量投资资本来达成社会和环境目标，而营利性公司也在积极开创各种能够同时创造经济收益和社会公益的投资方式和商业模式。可以说，在发现政府与非营利部门结盟之后，萨拉蒙又发现市场与非营利部门也开始联合起来应对各种棘手的社会和环境问题。当然，除了萨拉蒙之外，很多学者甚至实践者也均察觉到了这一重要的变化，并提出过很多概念来描述这些变化，比如影响力投资（impact investing）、善意资本（virtuous capital）、耐心资本（patient capital）、有效社会资本市场（efficient social capital markets）、社会企业（social enterprise）、社会创业（social entrepreneurship）、价值共享型资本主义（shared value capitalism）、慈善资本主义（philanthrocapitalism）等。不过，萨拉蒙认为，这些新变化"依然处于零打碎敲的阶段，基本上没有形成任何完整的体系"（萨拉蒙，2017：9），而研究这些新变化的学术领域"是一个术语的垃圾场，遍布着大量令人困惑或废弃不用的术语"（萨拉蒙，2017：12~13）。为此，萨拉蒙在《撬动公益》一书中提出了"慈善新前沿"这一新术语，用来描绘这些因市场与非营利部门合作而产生的新变化。

在该书的第一章，萨拉蒙便通过与传统慈善进行比较的方法阐述了慈善新前沿的具体含义（见表1）。在萨拉蒙看来，慈善新前沿和传统慈善之间有着七个重要的区别：从资源汲取对象来看，传统慈善主要从基金会和个人那里汲取资源，而慈善新前沿则可以吸引到银行、养老基金等私人或机构投资者的资源；从资源性质来看，传统慈善主要关注维持组织日常运作的收入，比如私人捐赠、合同收入和服务收费等，而慈善新前沿则更加重视可以促成组织成长的投资资本，比如债务和股权；从资源汲取手段来看，传统慈善主要依赖拨款，而慈善新前沿则利用各种各样的新型金融工具；从慈善主体来看，传统慈善只认可非营利组织，而慈善新前沿还将社会企业纳入其中；从慈善目标来看，传统慈善仅仅追求社会回报，而慈善新前沿同时谋求社会回报和经济回报；从资源动员能力来看，传统慈善只能动员很少的资源，而慈善新前沿则积极运用杠杆撬动私人资本市场中的大规模资源；从慈善效果来看，传统慈善重视测量产出（output），而慈善新前沿注重测量结果（outcome）。不难理解，慈善新前沿的核心要义是，撬动私人资源服务于社会和环境目标。

表1 慈善新前沿的范式

慈善 ="利用私人资源服务社会或环境目标"	
传统慈善	慈善新前沿
基金会、个人	个人和机构投资者
运营收入	投资资本
拨款	多样化的金融工具/资本份额
非营利组织	非营利组织 + 社会企业
社会回报	社会 + 经济回报
有限的杠杆	扩展的杠杆
产出导向	结果导向/测量

资料来源：萨拉蒙，2017：5。

为了展示慈善新前沿，萨拉蒙给该书设定了四个基本任务。一是"描述性任务"（对应第二、三章），即详细地介绍正在慈善领域崭露头角的11类新行动主体和8种新工具。正是这些新行动主体和新工具促成了慈善新前沿的形成。这一部分构成了该书最重要的内容。二是"分析性任务"（对应第四章），即尝试向人们解释慈善新前沿为什么出现在这个时候。三是"规范性任务"（对应第五章），即深入地分析慈善新前沿仍然面临的五个主要挑战和风险。四是"规定性任务"（对应

第六章），即提出一些有利于慈善新前沿发展的措施，它们"既有助于实现这些发展所承诺的切实收益，又能够规避它们造成的风险"（萨拉蒙，2017：12）。

二 慈善新前沿的雏形

萨拉蒙在该书中做出的最大贡献不在于简单地区分了传统慈善和慈善新前沿，也不在于鲜明地指出了慈善的最新趋势是吸引私人资源服务于社会和环境目标，而在于发现这场慈善革命的深层次原理是"杠杆"（leverage），并向我们清楚而系统地展示了慈善新前沿是如何运用金融杠杆撬动公益的。在慈善语境中，杠杆指的是，"除了依赖由基金会资产收入和个人年度捐款生成的有限慈善资源之外"（萨拉蒙，2017：4），还可以通过各种金融机制"激活留存在银行、养老基金、保险公司、互惠基金和高净值人群账户中的一部分巨额投资资产"投入慈善事业（萨拉蒙，2017：4）。萨拉蒙认为，大量的金融杠杆机制正在被引入慈善领域，从而催生了一个复杂的社会目标金融生态系统（见图1）。在这个系统中，各式各样的社会影响力投资组织、社会影响力投资支持组织和新型拨款组织各显神通，试图将银行、养老基金、保险公司、准公共投资基金、投资企业、基金会和高净值人群手中的私人投资资金输送给非营利组织、低利润有限责任公司、社会企业、合作社等带有慈善色彩的组织，从而推动扶贫济困、保护环境、改善卫生、增强公民社会组织、改善生活机遇等目标的实现。这个社会目标金融生态系统其实就是萨拉蒙所说的慈善新前沿。在《撬动公益》的第二章"探索慈善的新前沿Ⅰ：新主体"和第三章"探索慈善的新前沿Ⅱ：新工具"，萨拉蒙试图带领读者领略他构建起来的慈善新前沿的美妙图景。

（一）慈善新前沿的行动主体

慈善新前沿涌现了一大批新型行动主体，它们与基金会之类的传

```
                    ┌─────────────────────────────┐
                    │         资金的新来源          │
                    │  银行、养老基金、保险公司、准公共投资  │
                    │   基金、投资企业、基金会、高净值人群   │
                    └─────────────────────────────┘
                                   │
         ┌─────────────────┬───────┴────────┬─────────────────┐
主体    │ 社会影响力投资    │ 社会影响力投资   │   新型拨款组织    │
         │     组织         │    支持组织     │                 │
         └─────────────────┴────────────────┴─────────────────┘
                                   │
工具         ┌──────────────────┬──┴──────────────────┐
             │ 社会影响力投资工具 │  其他金融和非金融工具  │
             └──────────────────┴─────────────────────┘
                                   │
对象     ┌──────────┬──────────────┴────┬──────────┐
         │ 非营利组织 │   低利润有限责任公司  │  社会企业  │
         └──────────┴───────────────────┴──────────┘
              ┌────────────┬──────────────┐
              │  社会合作社  │    福利合作社   │
              └────────────┴──────────────┘
                                   │
                    ┌─────────────────────────────┐
                    │           受益人              │
                    │ 扶贫济困、保护环境、增强公民社会组织、│
                    │         改善生活机遇           │
                    └─────────────────────────────┘
```

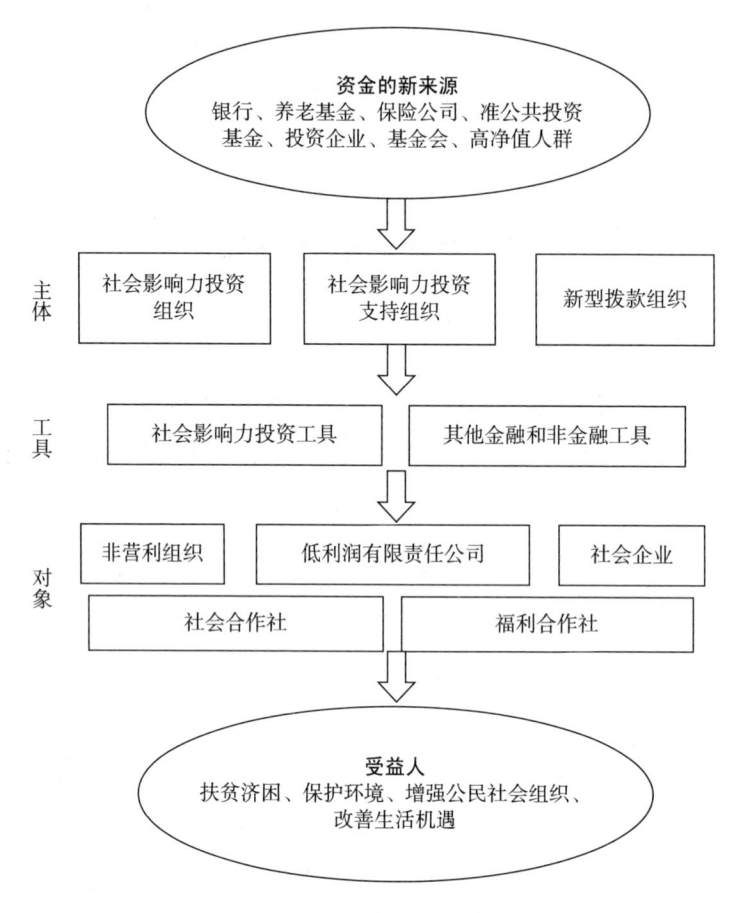

图 1　慈善新前沿的生态系统

资料来源：萨拉蒙，2017：6。

统慈善机构有着本质的区别，致力于撬动存量巨大的私人投资资本来支持各种社会和环境目标活动。在该书中，萨拉蒙为这些新行动主体构建了一个非常值得推广的分类框架，即将它们划分为社会影响力投资组织、社会影响力投资支持组织和新型拨款组织。这三类行动主体虽然有着不一样的功能，但是都热衷于开辟新的融资渠道，以解决传统慈善资源紧缩的问题。

社会影响力投资组织的作用是，在这个新兴社会投资市场的供给侧撬动更多的私人投资资本。在该书中，萨拉蒙详细介绍了五种社会影响力投资组织。一是资本聚合机构，其致力于从高净值人群、基金会和主流金融机构手中筹集资本,并将之投资到社会目标组织。按照学者的统计,资本聚合机构的数量可能已有3000家,而它们管理的资产更高达3000亿美元(萨拉蒙,2017:28)。追求"同时获得经济和社会回报"的睿智基金(Acumen Fund)便是资本聚合机构的典范。二是二级市场机构,其主要功能是向资本聚合机构购买债权,以便让资本聚合机构重新获得资金。美国的社区再投资基金被视为典型的二级市场机构。三是社会证券交易所,其提供了一个平台,可以将社会影响力投资者的资金供给和社会目标组织的资金需求对接起来。目前,英国、毛里求斯和新加坡都在积极建设影响力投资交易所。四是准公共投资基金,这类组织旨在汇聚政府资源投入社会目标活动,比如英国的一个社会创新基金会 NESTA(National Endowment for Science Techno logy and the Arts)。五是作为慈善银行的基金会。很多基金会已经不再将拨款视为支持慈善活动的唯一工具,而是像慈善银行或者社会投资基金一样开发"投资业务"。例如,F. B. 赫伦基金会(F. B. Heron Foundation)用于社会影响力投资的资产已经达到其核心资产的42%。

社会影响力投资支持组织指的是那些向社会影响力投资组织提供各种支持性服务的行动主体,主要包括企业中介、能力建设者和基础设施组织。企业中介的作用在于降低社会影响力投资市场的交易成本。具体来说,这类组织一方面替社会影响力投资者识别出有潜力的社会目标组织,另一方面替社会目标组织寻找合适的社会影响力投资者。能力建设者试图帮助社会目标组织实现可持续性发展和规模化成长,其中一类既提供资金资助也提供技术援助和能力培训,另外一类则专门提供技术援助和能力培训。基础设施组织致力于通过建立一些关键的软性基础设施使社会影响力投资领域摆脱"缺乏协调的创新"的境况,比如成立行业协会,制定公认的社会绩效标准,以及将社会影响力投资打造成一种合法的"资产类别"等。

新型拨款组织的特征是,将各种新技术和新方法应用于传统的拨款型慈善活动。在线交易平台利用互联网通信技术将捐赠者和投资者的资金、商品和志愿服务直接对接给社会目标组织；企业发起型慈善基金由一些营利性投资企业发起成立，它们正积极地将复杂的资本投资管理技术引入慈善领域；由公共或准公共资产经过民营化改革而创设的转制型基金会展示了"通过民营化实现慈善化"（Philanthropication thru. Privatization）的新路径；资助联合体的创新之处在于，可以让个人或机构投资者联合起来进行慈善拨款或社会影响力投资。

（二）慈善新前沿的行动工具

在萨拉蒙看来，慈善新前沿的革命性主要体现在两个方面：一是履行慈善职责的新主体不断涌现；二是达成慈善目标的新工具层出不穷。不过，萨拉蒙似乎把新工具的重要性放在了新主体之上，原因可能有三个。其一，他明确提到，新行动主体涌现的现象是由新工具激增的现象"所催发的"（萨拉蒙，2017：47）。其二，这一观点可能与他是研究工具的专家有一定的关系（萨拉蒙，2016）。其三，慈善新前沿的创新之处是撬动更多的私人资源投入慈善事业，而撬动是依赖新工具作为杠杆的。萨拉蒙认为，诸如拨款、赠予之类的传统工具已经不足以满足慈善活动的资源需求，慈善新前沿的各种新行动主体正在运用一大批能够发挥杠杆作用的新工具，来撬动比传统慈善资源多得多的私人投资资本支持社会目标活动。

第一类新工具被萨拉蒙称为"社会影响力投资工具"，包括贷款、信用等级等七种工具。贷款是最常用的社会影响力投资工具。不过，由于缺乏有形资产作为抵押，社会目标组织往往倾向于寻求偿还条件灵活和利率较低的"软贷款"。信用等级则是通过提供一些可以改变风险-收益比率的激励措施来吸引私人投资者参与到社会目标活动中。固定收益证券其实就是一种期限较长的大额贷款，不过它一般需要经过评级程序，并由承销商或投资银行进行销售，且可以自由买卖。著名的卡尔弗特基金会（Calvert Foundation）的社区投资票据（CI Note）便属于固定收益证券。证券化是廉价住房和小额贷款领域普遍使用的一种投资工具,其运作机制是将各种债务打包卖给私人投资者,从而让放贷方获得新的放贷资金。比起债务融资,股权投资和准股权投资对社会目标组织更具吸引力,因为后面两者不负连本带利偿债的义务。阿维什卡国际公司(Aavishkaar International)是股权和准股权投资领域的佼佼者。社会影响力债券也被称为"为成功付账"(pay-for-success),是一种结果导向的合同,而非字面所称的债券。社会影响力债券的运作原理是,由于某些预防性服务可以让政府节约大量的开支,政府便向私人投资者许诺,如果他们可以预先投资这些预防性服务并取得预定的效果,政府就用这笔节约下来的开支作为报酬。最广为人知的社会影响力债券实践当数英国的彼得伯勒试验(Peterborough Pilot)。

第二类新工具被萨拉蒙称为"其他新工具",主要包括小额保险、社会责任投资和采购、拨款三种工具。根据一些估算,世界上约有40亿贫困人口生活在各种自然或社会风险之下,却未能获得传统保险服务的覆盖。不少政府、国际组织、基金会和私人保险公司已经开始联合开发一些小额保险产品,以满足这些金字塔底层人群的需要。社会责任投资和采购要求企业和基金会根据环境、社会和治理标准来筛选投资和采购对象,但是这种工具被认为仅仅"最小化了负面影响,而没有主动地创造正面的社会或环境效益"(Nick et al., 2010: 5)。此外,人们还经常运用各种创新性的方式来增强传统拨款的杠杆效应,比如创业拨款、配套拨款、公益创投、奖励和众包等。

值得注意的是,萨拉蒙在书中多次强调,对于企业甚至政府来说,上述的大部分新工具已经被使用了几十年,一点也称不上新,但是对于慈善世界来说,它们却是一些完全新颖的事物(萨拉蒙,2017: 12; 14; 47)。第一,这些新工具才刚刚被引入慈善领域不久。第二,要想将这些来源于营利世界的工具适用到慈善领域,就必须对它们进行必要的改良,而这种改良需要极大的创造性。比如,股权和准股权投资必须巧妙地应对法律禁止慈善组织发行股票的问题。第三,少数工具并不是从营利世界中借鉴过来,而是真正的创新,比如社会影响力债券。无论如何，萨拉蒙都坚信，新工具和新主体有望在慈善领域掀起一场颇具潜力的革命，即在传统慈善资源和政府投入紧缩的情况下，撬动巨量的私人投资资本进入社会目标活动，从而开辟出慈善的新前沿。

三 慈善新前沿的前行之路

萨拉蒙的贡献不只在于其系统地向读者展现了慈善新前沿的雏形，而且在于其清楚地指明了如何推动慈善新前沿进一步发展的路径。慈善新前沿正在全球兴起，但就目前而言，仍然处在雏形阶段，就好像"一片未知的领域，长满了灌木丛，遍布着各种各样的陌生生物"（萨拉蒙，2017：21）。在该书的第二、三章，萨拉蒙像导游一样带领我们初步欣赏了慈善新前沿的美妙风光，而在接下来的章节，他继续帮助我们更加深入地认识慈善新前沿的缘起、障碍和前景。

到底是何种力量推动了慈善新前沿的形成呢？这些力量是否具有持久性呢？萨拉蒙在该书的第四章从需求和供给两个方面回应了上述问题。需求侧的因素主要有三个：全球有大量人口处于经济、环境、自然和社会灾难的边缘，亟须获得救助；政府和传统慈善所能提供的资源已经远远不能满足救助之需；一大批社会企业家致力于寻找一些创新性的救助之法，而这些创新做法往往需要投入大规模的资金。这三个需求侧因素迫使很多社会企业转而求助慈善新前沿的新主体和新工具，以获得足够的投资资本支持。在供给侧，六大因素共同催生了可以满足上述需求的理念、人才、资金和技术。在理念方面，依靠穆罕穆德·尤努斯、C. K. 普拉哈拉德等人的推动，"金字塔底层的财富"变得广为人知。与人才有关的因素有两个：一是首批对早期社会企业家的资本需求做出回应的冒险家起到了表率作用；二是20世纪末涌现了一批慈善资本家（philanthrocapitalists），他们试图将商业世界的成功之道和创新精神引入慈善世界。此外，还有两个与技术有关的重要因素，分别是社会投资基础设施的日益完善和通信技术的巨大进步。最后一个因素具有偶然性，即2008年的金融危机降低了传统金融投资的收益率，使社会影响力投资成为最具吸引力的投资选择之一。

慈善新前沿的发展之路会遇到什么障碍呢？在该书第五章，萨拉蒙深入探讨了五种主要障碍。第一，慈善新前沿也会带来一些负面效果，比如慈善资源的分配决策权从慈善基金会和政府项目官员手中转移到了私人部门投资经理身上，绩效量化导向导致短视行为，以及不再重视一些旨在消除不平等权利结构的倡议行动。第二，尽管人们正在积极寻找一些可以测量社会影响力的方式，比如影响力报表和投资标准（IRIS）和全球影响力投资评级体系（GIIRS），但是社会影响力的测量依然像是"一次遥遥无期的探索"（萨拉蒙，2017：80~81）。第三，社会影响力投资尚未得到诸如养老基金、保险公司等主流机构投资者的完全认同，换言之，作为一个行业，它仍处在"婴儿期"。第四，由于社会投资市场效率低下，一些投资对象缺乏金融知识，以及金字塔底层市场开拓艰难，因而社会影响力投资需求受到了很大的限制。第五，社会影响力投资存在三个自我安慰型假设，分别是同时创造较高市场回报和社会效益的假设、社会影响力投资可以替代政府干预的假设和传统慈善将销声匿迹的假设。

在该书的最后一章，萨拉蒙提出了推动慈善新前沿迈向成熟的六大举措。一是构念，即将慈善新前沿从一个散乱不堪的自然状态整理成一套条理清晰的话语体系。二是宣传，即把慈善新前沿的知识和信息"从边缘带到主流"，让更多的利益相关群体知晓它。三是激励，即政府和传统慈善组织应该运用信用等级、税收优惠等激励手段引导私人投资资本进入慈善新前沿。四是合法化，即通过开发一套公认的社会影响力测量体系让社会影响力投资获得政府和私人投资机构的认可。五是提升能力，即针对社会目标组织开展金融意识、知识和技能的培训。六是行动，即挖掘大量有潜力的社会创新项目，对其进行金融投资和技术援助，从而实现这些项目的规模化和可持续运作。不难看出，这六大措施相互配套、环环相扣，为慈善新前沿指明了一条明确而可行的发展路径。

四 结语

在社会和环境问题日益严峻，政府和传统慈善资源渐趋紧缩的背景下，萨拉蒙教授在《撬动公益》一书中向我们描述了一个值得憧憬、颇具潜力的慈善新前沿——一大批新行动主体正在运用各种新工具撬动巨量的私人投资资本投入到各种创新性很强的社会目标行动中。尽管慈善新前沿仍然处在雏形阶段，而且面临重重障碍，但是萨拉蒙依旧相信，只要我们采取进一步的积极举措，那么慈善新前沿的承诺可以得到兑现。最后我们用萨拉蒙在该书中文版序言中的一句话作为结束语："就像其他很多事情一样，中国如果能够把握住慈善新前沿正在成形的机会，就可以轻易地跨越到其他国家的前面。"

【参考文献】

莱斯特·M.萨拉蒙，2008，《公共服务中的伙伴——现代福利国家中政府与非营利组织的关系》，田凯译，商务印书馆。

莱斯特·M.萨拉蒙，2016，《政府工具：新治理指南》，肖娜等译，北京大学出版社。

莱斯特·M.萨拉蒙，2017，《撬动公益：慈善和社会投资新前沿导论》，叶托、张远凤译，社会科学文献出版社。

乔芷娅·列文森·凯欧翰，2016，《21世纪社会创业：席卷非营利、私人和公共部门的革新》，叶托译，华南理工大学出版社。

Kaplan, Robert S. and Allen S. Grossman. 2010. "The Emerging Capital Market for Nonprofit," *Harvard Business Review* (October), 1–8.

Nick, O'Donohoe et al. 2010. *Impact Investments: An Emerging Asset Class*. New York: J. P. Morgan.

Reiser, Dana B. 2015. Book Review: Leverage for Good: An Introduction to the New

Frontiers of Philanthropy and Social Investment, by L. M. Salamon and New Frontiers of Philanthropy: A Guide to the New Tools and Actors that Are Reshaping Global Philanthropy and Social Investing by L. M. Salamon (ed.). *Nonprofit and Voluntary Sector Quarterly*, 44 (4): 854 – 857.

Salamon, Lester M. 2014. *Leverage for Good: An Introduction to the New Frontiers of Philanthropy and Social Investment.* New York: Oxford University Press.

访谈录
INTERVIEWS

绿水青山就是金山银山：
环保 NGO 的成长和治理

——专访绿色江南公众环境关注中心主任方应君

马超峰 薛美琴[*]

访谈时间：2017 年 7 月 20 日 下午 2：30～4：20

访谈地点：苏州工业园区苏虹东路 155 号 7 楼 305 绿色江南公众环境关注中心

被访者：方应君（绿色江南公众环境关注中心创始主任）

访谈者：马超峰（南京大学政府管理学院公共事务与地方治理研究中心博士生）

薛美琴（南京理工大学公共事务学院讲师）

【绿色江南公众环境关注中心简介】

绿色江南公众环境关注中心（PECC）是一家 2012 年 3 月在苏州注册的民办非企业单位。机构以监督工业污染源排放，开展企业环境责任研究为重点，以推动华东地区企业绿色生产，推动品牌绿

---

[*] 马超峰，南京大学政府管理学院公共事务与地方治理研究中心博士生。薛美琴，南京理工大学公共事务学院讲师。

色供应链采购，促进企业实现清洁生产，主动承担社会责任为目标；以监督工业污染排放，保护太湖流域水资源为使命。2012～2017年，绿色江南以长三角地区为工作区域监督工业污染源，以太湖流域为重点开展项目工作：太湖流域水污染阻击战、太湖流域水资源保护、工业污染源监督（大数据撬动江、浙、沪地区工业污染源）、工业污染防治地方行动苏州项目以及太湖流域大气国控企业污染调研等有影响力的项目。在此过程中，绿色江南公众环境关注中心与IPE公众环境研究中心等多家机构共同发布了多个环境调研报告，共同撬动了多达数亿元的社会资金对环境做出改善。

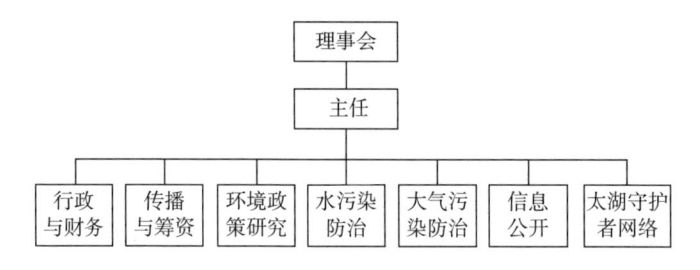

图1　绿色江南公众环境关注中心组织架构

马超峰：方先生，您好。非常感谢您接受《中国第三部门研究》的访谈，鉴于绿色江南在污染源监控等环境保护方面的卓越成效，我们选择您作为《中国第三部门研究》机构访谈栏目的嘉宾，分享您一路走来的经历。您先大致介绍一下绿色江南公众环境关注中心（以下简称"绿色江南"）的基本情况。

方应君：每个NGO的发起人也许会有属于自己的一段故事，否则也不会误入"奇"途。自从我专职服务于环保NGO时，我就感觉到大家看我的眼光很异样，不合流、不入群、不能让人理解。

其实我自己也有一段故事，因为这个故事，我"不小心"踏上了这一条环保公益之路。我2003年在苏州工业园区购置了一套期房，2006年交房，2007年1月1日入住，当时觉得苏州工业园区发展非常好。可是，大概四五月份噩梦就来了，感觉到入住小区的环境存在被污染的问题，让人有一种有家不能回的感觉，空气污染非常严重，感觉有闻到让人窒息的气味，特别是雨后，气压比较低的时候，门窗都不敢打开。

这种状态令人非常焦灼、惶恐，我们最关心的是闻到的到底是什么物质，是否对身体有害，怎么去识别这个污染源。我们开始挨家挨户互相询问。经过大家一个多月的共同努力，我们在众多企业周边识别了很长时间，终于发现距离小区东边1.8公里处有一家企业KC，它排放的气体味道与我们小区闻到的味道基本一致。

随后，我们走访该企业员工，询问生产情况，识别污染源，识别其指标性污染物排放，是不是对身体有害等。据该企业员工介绍，该企业为某国际知名品牌手机做零部件代工服务，生产过程中有喷涂工艺，有挥发性有机物"VOC"产生，包括甲苯、二甲苯等有机物。我们就多次向当地环保部门举报，企业回答是符合园区的排放标准。其间，我们多次与环保局和企业进行对话与谈判。这样的生活我们坚持了四年，与各方谈判也僵持了四年，回想起来真是不容易，这四年我们不知道是怎么走过来的。这四年对我们的身体伤害也是挺大的，我先后有了咽喉炎、过敏性鼻炎、支气管哮喘（访谈期间，被访者不停地咳嗽，且声音很低——访谈员注），都是因为环境污染导致的，我的包里面常年都备有鼻炎和支气管哮喘的药剂。

马超峰：您之前的工作单位是？有在政府部门干过吗？

方应君：在一家企业做管理，没在政府部门工作过。我当时为什么要这么做？因为我的孩子和我们一样整天在家咳嗽，作为一个父亲，我要为孩子提供一个基本的安全环境，条件好坏则另当别论，但有个最基本的环境生存权利，能喝到一口放心的水、呼吸到一口没有污染的空气，不能让这么小的孩子像我们一样咳嗽。如果没有一个健康的身体，我们创造再多的财富都没有意义。

2011年9月20日，央视新闻调查栏目采访我，我觉得这是机会。"××的另一面"（11月15日节目）报道：某品牌手机在大陆的一些产业链都出现了环境污染问题。被央视关注后,企业随即被当地政府部门勒令停产,几年后,该企业的三家工厂陆续搬离苏州工业园区。KC 企业(约 4 万人)搬到苏北等地。

这件事对我触动很大,本来属于我们的环境权力和利益,如果不去争取,也许真的就不属于你。所以我想是不是有一家社会组织来监督这些污染企业。我当时查了很多资料,发现江苏环保类社会组织很多,环保宣传和教育很多,但唯独缺乏监督工业污染源的。

马超峰:你最初的 NGO 知识是从哪儿来的?

方应君:我学的是车辆工程,与环保一点儿关系也没有,开始都不知道非甲烷总烃是什么。既然做环保,我就要从头学起,于是我买了很多书、查了很多资料,拜访了很多环境方面的学者和教授,现在绿色江南专家团队里有大学环境系的教授,也有资深的环境咨询工程师等。想要做到更加专业、更加深入,就必须要具备专业知识,这在这几年对我们绿色江南整个团队都是考验。

薛美琴:当时您在外企工作,两边的工作同时做,还是从外企辞职后集中精力做社会组织?

方应君:我注册下绿色江南公众环境关注中心后就离职了,专职从事环保公益工作,绿色江南现在有 8 名全职工作人员,没有兼职,有很多志愿者,公益专家团队有 6 人。

马超峰:人员流动如何?

方应君:说句真心话,由于缺乏资金保障,前几年,可能有的人来了几天、几个月就离开了。国内的 NGO 人员流动性都非常强,普遍不太稳定,缺乏安全感、缺乏归属感。为什么会这样?因为资金资源比较缺乏。特别是从事公益事业,如何把有意义的事做得更加具有可持续性,热情总有冷的一天;如何让从事公益环保的伙伴们有一个体面的生活,把平凡的事做得不平凡,当务之急是提高伙伴们的薪资待遇,提高团队的凝聚力,提升团队的整体能力。经过数年的坚持和努力,现在来看,绿色江南团队逐步趋向稳定。

马超峰： 为什么稳定了？钱多了吗？用人成本是多少？

方应君： 资金总体还是很缺乏，机构本着以人为本的理念，提高机构专职工作人员的待遇，让每一位伙伴都有一个体面的生活，促进团队稳定，减少人员的离职率，打造一个专业化的工业污染源防治调研团队，推动环境的改善，提高主动参与环境治理的能力，这才是公益的可持续化。

薛美琴： 都是苏州人吗？

方应君： 大部分是苏州人，我们还是以本地人为主，本地人保护本地环境，有家乡情结在里面。

马超峰： 学历如何？

方应君： 团队成员最低学历为本科，还有2名硕士研究生。

薛美琴： 专业背景如何？

方应君： 80%都是环境专业背景。

薛美琴： 您刚提到经费还是蛮缺的，现在经费主要来源于哪方面？

方应君： 经费主要来自三个方面：第一，基金会；第二，个人捐款；第三，理事捐款。

马超峰： 大概比例是多少？

方应君： 比例我没细算，但还是以环保公益基金会为主。

马超峰： 政府购买服务这一块，你们做吗？

方应君： 没有，目前政府购买社会组织服务的项目还没有符合我们的方面。

马超峰： 您之前提到和政府合作比较愉快，主要是哪些方面？

方应君： 政府购买社会组织服务没有公益污染源监督这一类，有垃圾分类、宣传教育等。我们对垃圾分类、宣传教育不专业。绿色江南不是资源型NGO，不会哪里有资源往哪里跑，那会偏离了我们的方向和初衷。绿色江南是专业监督工业污染源的NGO，我们发现环境污染监督的目的是解决问题，与政府部门合力携手合作，实现多元共治、社会共享是我们的目标。

马超峰：举例说说你们的工作流程？

方应君：我们今年1~7月已经出具了11份污染源调研报告。比如今年第一个报告是DJ污水处理厂，该区域河道多年被污染，黑如墨汁，冬天都有臭味。我们就去溯源、排查，最后发现有暗管向河道排放污水，我们就用无人机顺着河道拍，发现明显的分界线。我们就在该区域进行密集的现场调研，晚上也会去蹲守。有一次深夜一两点钟，记得还下着雪，我们用激光温度仪等检测污染中心温度。发现有多个污染源。经过在不同时间段对污染源进行的观察、取样来确定污染。然后我们拍视频、图片，写调研报告，同时抄送各级环保部门（被访者展示了相关邮件内容、调研报告和现场调研资料——访谈员注）。

马超峰：你们是全方位地递交，为什么不选择一层层地递交？

方应君：为了扁、平、快，我们不会考虑这个问题，我会同时让从下到上的主管部门知道，尽快都来解决这个问题。

马超峰：这会不会让你们和地方政府的关系弄得不太好呢？

方应君：不会，绿色江南是在帮助环保部门发现问题。我们工作的任务是"停止污染、减少污染"，共同推动消减污染源。客观、理性，用事实说话。

薛美琴：那有没有遇到麻烦，生存空间如何？

方应君：目前还没有遇到麻烦，环保部门对我们客观、理性的工作态度，总体上还是支持的。

马超峰：每年能收到多少批示？

方应君：到现在，我们几十份调研报告中的问题很少会出现没有得到解决的。

薛美琴：如果环保局拖着不做，你们会不会向媒体反映？

方应君：至少我们还没有机会这么做。因为我们环境调研报告中的问题都得到了妥善解决。

薛美琴：这种方式从什么时候开始的？是组织成立时吗？

方应君：前些年开始的。我们认为多元合作才能共治，就是"多元共治、社会共享"。其实我们和企业也是在合作，推动企业进行清洁生产，消减污染，主动承担社会责任。

薛美琴：现在主要是监督的项目？

方应君：我们只做这一件事，五年也只做了这一件事，未来十年、二十年也会坚定地做这件事——监督工业污染源。我们现在的工作已经辐射到华东地区，国控污染源在线监测的4740家企业，我们都在监督。我们同事每天都在国控污染源平台上筛选，在平台上分析各企业的排放数据，对连续三天超标排放的企业进行举报。比如刚发现的陕西一家化工企业在陕西国家重点监控企业监测信息发布平台上显示二氧化硫连续超标，我们通过相关渠道向有关部门给予说明。这样以微博和电话向环保部门进行举报与互动的方式成本是非常低的，可以有效推动政府部门对污染源进行行政监督、行政处罚。

薛美琴：你们与企业如何沟通？

方应君：企业也会向绿色江南反映整改的信息，但我们还是以环保局的回复为标准。此外，微博上进行互动，实地调查也同时进行。

马超峰：如果有服务购买，你们会积极争取吗？

方应君：不是争取的问题，目前还没有（工业污染源监督的）这项服务购买。

薛美琴：组织和环保公益基金会合作的历程如何？

方应君：我认为现在基金会是否对一家环保组织给予资助，取决于这家NGO是否实实在在做事。努力解决社会问题，资源自然就会靠近你。

薛美琴：基金会是按年来资助吗？

方应君：差不多是按年或者是按项目。

马超峰：金额幅度变化大吗？持续性、前景如何？

方应君：可以吧，我觉得未来还是很有期待的。

薛美琴：机构网站上显示还有几家合作机构，如公众环境研究中心、自然之友、阿拉善基金会、合一绿学院，还继续合作吗？

方应君：它们都是我们的合作伙伴，我们是业务和资助的合作伙伴关系。

薛美琴：企业合作主动吗？

方应君：会，企业意识到我们是来帮助它们发现环境社会责任问题的。只要解决问题，做环境友好型企业、负责任的企业，目标一致我们都可以合作。

马超峰：是不是可以说"社会组织嵌入到了生产性链条"？

方应君：可以这么说。我觉得社会组织作用是非常大的，现在考验社会组织的能力是参与解决问题的能力。不能和企业搞对抗、和政府搞对立，只有合作，即多元合作、多方共治，才能实现社会环境共享。我研究绿色供应链会发现，企业最关键的地方可能就是订单，每一个产品都有上游、都有品牌。

马超峰：你们谈判的格局是什么？有几方？

方应君：面对面谈环境，就是我们与企业，当然，环保部门也会在场。

薛美琴：组织发展得好，有影响，能够被认可，所以能和企业谈判。刚开始的时候，组织发展可能处于初期，外界不太清楚组织时，企业会不会不太愿意坐下来谈判？

方应君：不能说没有影响就不和你合作，但是我们五年如一日，坚持做污染源监督一件事，还是很有成效的。专业化的团队对保证独立性和公益性是很重要的。

薛美琴：与基金会和其他社会组织的合作最早是从什么时候开始的？

方应君：2013 年绿色江南获得了第一笔来自基金会的资助。

薛美琴：那组织的资金算是充裕了。

方应君：我认为钱多也不是好事，钱对公益组织来说"够"就可以，满足全年的预算的状态是最好的。资金太多对于一家 NGO 来说未必是一件好事，因为你消耗不了太多的资源。

薛美琴：现在的场地是租的吗？价格如何？（场地大概有100平方米——访谈员注）

方应君：租的，一年3万多元吧。

薛美琴：数量上，一年有几个项目或案例？

方应君：一年大概只有二三个项目，案例很多，比如绿色江南1～7月份，11份的调研报告就是11个案例。

薛美琴：是公众找到我们组织的吗？

方应君：绿色江南得到的环境污染信息都来自公众，基本不需要我们自己去找，公众会通过微信公众号、官方微博、官方网站、邮件联系我们，渠道很多，我们会尽快去现场核实。

薛美琴：现在绿色江南和社会组织、企业、政府、公众都有合作，只是合作的方式不一样。社会组织主要是资金支持和业务合作；企业和政府主要是合作治理；公众主要是参与。

方应君：对公众来说，我们主要是帮他们解决环境问题，公众主要是希望获得环保组织的帮助，我们是非常愿意帮助公众解决久拖不决的环境污染问题的，有的问题都是十几年了还未解决。为什么我们推动力这么强，就是因为我们每份报告都会及时报给各级环保部门，基本上每份环境调研报告中的问题能都得到解决。

马超峰：相当于把整个结构拉平了。

方应君：对，扁平化。我们愿意把复杂的事情简单化，不喜欢简单的事情复杂化。因为我们的资源是非常有限的，必须这样考虑。

马超峰：你们年检情况如何？现在要求党建，你们怎么办？

方应君：我们每年都按规定做年检。我们非常愿意加强党建，我们有三名党员，可以建支部。

马超峰：有没有获得一些奖励、评估等级？

方应君：我们还没参评。平时，我们的小伙伴都非常忙，调研、写报告，每周我们有一半的时间是在外面做调研。所以参评会给我们增加很多的工作量，我们还要应对来自各方的环境信息和沟通。

马超峰：是熟人关系导致业务拓展吗？

方应君：不是。有许多环保爱好者都是慕名而来，想加入我们机构，如今都做了我们的志愿者，形成了我们的网络团队。

马超峰：网络团队有多少人？

方应君：网络团队有几十位吧。

薛美琴：组织的理事有多少人？理事的职业是？

方应君：有8位理事，1位监事。有企业家，也有业内比较有影响力的。

马超峰：有没有政府官员？理事换届情况如何？

方应君：目前没有政府官员。理事会议一年一次，绿色江南会向理事做详细的工作汇报。

薛美琴：理事帮助了什么？

方应君：理事帮助很大，企业家是有智慧的人，他们会给机构提很好的建议，无论是管理经验、风险把控，还是筹资等方方面面的。不能把理事放在"名"上，要让理事参与进来。尤其是我们要影响他们的社会责任。我们现在都推动公众参与，如果理事不参与，怎么谈公众参与。同时，作为绿色江南的理事，自身要把社会责任承担好。

薛美琴：有合作关系的企业大概有多少家？

方应君：叫监督吧，我们监督的企业非常多。每年调研的企业有几百家，针对一些筛选的企业。我们也去参与审核一些企业，光去年就审核了50多家。企业有问题才让我们去审核，现场帮助企业发现问题，整理出来给企业，让企业按照问题整改，整改结束就可以。关键是企业要主动整改，我们不是让企业关门，这不是我们要看到的，我们非常愿意一些品牌企业在我们当地发展，解决当地GDP、税收、就业、购买力问题，于己、于国、于民都是有利的，关键是企业要做一个可持续发展的、环境友好型的企业。这是我们需要看见的，越是绿色企业，越是要支持。做得不好的企业就是要淘汰，不能迁就，不能让劣币驱逐良币，良币变得越来越好，才没有劣币生存的空间。

马超峰：组织的支出结构如何？除了员工的工资，还有什么？

方应君：最主要的是人力成本，占的比重较大；还有就是现场调研的费用。

薛美琴：当时从企业辞职做社会组织，家人有没有反对？

方应君：那就不说了。换句话说，人一辈子做点有意义的事是快乐的。每个人一辈子都想做一件事，但往往迫于生活、工作或家里的影响，心就放在自留地里，一直在生根发芽，但并没有付诸实践。而环保就是我想做的事，还是我经历的，非常有意义的，感觉到解决了很多人的生存环境问题。

马超峰：未来组织发展中，您觉得和政府以什么方式合作比较好？现在大家都会谈到 NGO 的独立性、依附性问题。

方应君：我觉得这个问题很简单。怎么合作？NGO 和政府合作就像谈对象，需要解决问题，我们会走得很近，这样组织也会很独立。我们也要体现工匠精神，十年如一日，把一件事做到极致，这样的改变力度是很大的。一件事做五年、十年，不专业也不可能，我们要具有精益求精的精神，也应有智慧性的创造力。

薛美琴：您讲了很多不一样的独特实践，这也是我们想访谈您的原因，非常感谢。

培育在地文化，助力社区发展

——专访成都爱有戏社区文化发展中心创始人刘飞

梁家恩

访谈时间：2017年9月15日19：00-20：30
访谈地点：上海市漕溪北路439号建国宾馆
被访者：刘飞（成都爱有戏社区文化发展中心创始人）
访谈人：梁家恩（上海交通大学国际与公共事务学院博士生）

【成都爱有戏社区文化发展中心简介】

成都市锦江区爱有戏社区文化发展中心（以下简称"爱有戏"）坐落于锦江区天仙桥北路10号市民服务中心。爱有戏成立于2009年，是民政局注册的公益性社会组织。爱有戏以协力构建更具幸福感的社区为使命，立足社区，通过培育社区资本推动社区发展。爱有戏通过创新性的社区项目，让居民在参与中传播社区文化、凝聚社区精神，从而促进社区的可持续发展。①

---

① 成都爱有戏社区文化发展中心简介，参见官网http：//web.cdayx.com：10101/ayx/aboutUs.jhtml，最后访问日期：2017年10月6日。

爱有戏分为三大业务板块：第一是社区发展；第二是家庭综合支持；第三是公共服务。爱有戏认为，每个社区都是独一无二的，在社区发展工作中没有一种模式是万能的。唯有扎根社区，充分了解社区需求及资源，促进社区多元参与，发挥社区优势，与社区一起成长，才是促进社区发展可行的路径，社区发展的真正主体是社区中的人。

【人物简介】

刘飞，女，爱有戏社区文化发展中心创始人、主任，民政部首批全国专业社会工作领军人才，社工师、会计师、四川省党代表、成都市人大代表，中国社会工作联合会常务理事，成都市锦江区社会组织联合会副会长，成都市民政局社会工作专家库特聘专家，西南民族大学社工专业客座教师，西南财经大学天府学院客座专家，民政部民间组织服务中心全国社会组织教育培训师资库授课教师。爱有戏致力于城市社区发展，爱有戏发起的义仓发展网络，有412家机构参与学习，101家机构在全国49个城市开展义仓探索。

梁家恩：刘老师，您好！非常荣幸能代表上海交通大学中国公益发展研究院、上海交通大学第三部门研究中心主办的《中国第三部门研究》集刊对您进行访问。您所在的成都公益性社会组织爱有戏在实务界是声名远播，还被评为全国5A社会组织，这是相当不容易的。我们选择您作为《中国第三部门研究》集刊访谈栏目的嘉宾，相信您的经验和观点分享，会对社区服务领域实践工作的开展具有重要的意义。刘老师，那我们正式进入访谈。您是爱有戏的创始人，已经投身公益事业18年了。现在也是成都市人大代表，还是西南民族大学社工专业客座教师，获得过很多社会荣誉。您可以给我们介绍一下在成立爱有戏之前的工作经历吗？

刘飞：我以前是事业单位的一个会计。1997年我被单位选为团总支书记。我个人是喜欢做志愿服务的。1999年，我开始创办无偿献血宣传服务队，我所在的单位——成都市血液中心也是从事相关工作的。我当时是团总支书记，（献血方面的）宣传本来由宣传科负责，但是我那时觉得他们的做事思路有问题。他们老是动员员工去做这些事情，我觉得血液的保证是一个社会性的事情，我觉得应该由更多的社会层面的人来参与。我在1999年发起"珍爱生命行动"，当时逐个单位、学校去联系，希望他们发动一些人来献血。2001年，我觉得我原来的思路不行，就发起了"无偿献血注册志愿者行动"，通过在大街小巷、采血车旁"摆摊"的形式（此次活动）争取到了2000多名志愿者。后来我发现这样的方式也有问题。2004年，我开始做团队（建设），依托大学生社团、社会上的社团。当然也有无偿献血者的团队，我们把它叫作"爱心大使分队"。我发现这样的方式效果很好，因为社团本身与成员之间有一个纽带。2010年我才真正离开"无偿献血服务队"。我在2009年创办了爱有戏。

梁家恩："无偿献血服务队"现在还存在吗？

刘飞：在的，我交给我们其他同事了。我离开组织的时候，当时"无偿献血服务队"做到了保障成都市的好像60%多的临床用血。我觉得做无偿献血的宣传，一定要靠人去宣传，而不是公益广告。而中国的公益广告拍得太烂了。我创办爱有戏也跟这个有关。

梁家恩：跟献血宣传片有关吗？

刘飞：是。我当时创办爱有戏，单纯就是觉得中国的公益广告拍得不够感人。为什么叫"爱有戏"？以前爱有戏的名字叫"爱有戏公益戏剧社"，刚开始是拍微电影的，拍过留守儿童、志愿精神、节水，好多好多。当时我动员了很多献血者来拍，我记得爱有戏团队累积的献血量曾有10万多毫升。

梁家恩：后来电视播了吗？

刘飞：没有，那个小片子被放到了网上。拍完之后我们就拿到社区、学校去播放。这是一个很搞笑的穿越剧。

梁家恩：内容是怎么样的？

刘飞：猪八戒的儿子得了新生儿溶血病，需要一种稀有血型，然后孙悟空就用那个月光宝盒把它带到了各个朝代去找这个稀有血型。他在找的过程当中传播了很多血液知识。后来还被好像是宜昌电视台翻拍了，我们还专门打电话过去。

梁家恩：追究他们侵权吗？

刘飞：我们是高兴坏了。我觉得我们的剧本写得还不错，得到了认可。我们觉得自己还是挺有倡导的力量的。2010年底，我们拍了一部留守儿童的电影——《最好的未来》，拍完以后我自己也有反思，因为我们拍的过程很辛苦。但感觉那个片子好像又没有对留守儿童产生多大的意义，反而是拍摄的过程本身对孩子们的陪伴是有意义的。于是，2010年底我就决定要转型，我不想再做作品了。我想利用戏剧的方式跟社区的人一起讨论一些东西。2010年底，我们就做了"金喇叭盲童广播剧剧团"，跟小朋友一起来创作广播剧，教他们画画。

梁家恩：教盲童画画，这怎么教？

刘飞：我印象很深的是有个全盲的盲童画了一棵树。正常人画树是画看得见的部分，他画了一个很庞大的树根。他没见过树，但是他听别人形容过，树是有根的。我觉得这给我的冲击是挺大的，我感觉到眼睛也是一种障碍，因此思维没有那么开阔。这使爱有戏开始转型，开始做一些社会服务。我提出转型的时候，300多个志愿者走了一半。

梁家恩：爱有戏现在有多少员工？

刘飞：现在有200多名专职的员工。去年的筹资额为1500万元，今年应该会突破2000万元。

梁家恩：筹资的渠道是？

刘飞：去年，72%来自政府购买服务，也包括群团、社区购买服务；然后是企业、基金会购买服务；组织的营业性收入不到1%。

梁家恩：营业性的收入是指？

刘飞：比如搞培训。我觉得目前的收入情况不是很理想，我认为政府购买服务应该压到 50%。

梁家恩：您可以给我们说说爱有戏成长各个阶段的运作模式吗？

刘飞：我就按照时间脉络捋一遍。2009 年我们筹资了 3000 块钱。在拍摄之前，血液中心的网站帮我们发了一个搞活动的信息，结果被一个商报记者看到了，他们给了我们半版的宣传。血液中心觉得这个活动有点效果，就给了我们 3000 块钱。那个阶段是志愿者阶段。

2010 年，我们筹资 7 万块钱左右。我们拍了话剧、动漫。2010 年，我们变成了一个社会组织，这真的是个巧合。我原本有一个血液中心的半官方的身份，比较受人信任。后来我出来做公益之后，最大的感受是别人对我个人信任，而不是对我这个机构信任。2008 年地震后，很多志愿组织进入了成都，恩派也是那时进入的。我觉得恩派对爱有戏影响挺大的。我觉得自己挺懂公益的，因为我做了十多年志愿者。我到了恩派之后，我就很疑惑，我看到恩派的人居然还拿工资！他们居然是以这个为职业，这令我不解。因为我们是纯公益的。后来我发现国外居然有专业的公益人。然后我就积极跟恩派接触。

大约 2010 年中，恩派在成都的孵化器就把我们纳入了。他们每月给我们三四千元资助组织的发展。我觉得我们得去找个办公室。后来听说锦江区有个大学生孵化园，孵化园归他们团委主导。我就"化妆"成企业，说我们是搞大学生创业的，做电影的。于是他们就给了我们一间房子。后来锦江区的团委书记就跑来视察，问我们盈利情况。我就说，我们在做公益组织不挣钱。结果他放在心上了。隔了一段时间后，忽然有一天，锦江区团委的一个唐姓书记跟我说，有个更合适你们的地方。我后来听说：当时锦江区搞社会组织管理体制改革，当时的区委书记 Z 非常有见识，他曾经是四川省社科院政治学与行政管理学研究所副所长，是他推动了锦江区的三大改革。其中，在社会组织管理体制改革方面，他在锦江区搞了一个孵化园，叫市民中心，那里有很多办公室。当时政府的人不知道有社会组织，从来没有跟社会组织对接过。于是，孵化园没有社会组织入驻。政府就让每个街道都推荐，据说最后那些唱歌跳舞的老头老太太的组织都被放进去了之后，还剩了三间办公室。最后还剩一间，书记就想起我们了。在我们入驻那儿之前，我们定的目标是5年之内能够注册，5年之内能有5个员工，筹资50万元。当时我们叫"三五"计划。入驻之后，政府就鼓励我们注册。

梁家恩：当时的注册也是双重管理体制，业务主管单位怎么找到的？

刘飞：因为我们拍公益片、做戏剧等，所以我就说我们是做文化的。民政局就说让文化局当我们的主管单位。我还记得当时的文化局局长不愿意文化局当主管单位，他怕担风险，还是他们民政局的副局长跑去拍了胸脯才同意的，我这都是听说的，然后锦江区文化局就给我们当了主管单位。

梁家恩：真是幸运。是不是因为您之前在事业单位工作过，所以得到很多体制内的人的帮助？

刘飞：有一点关系。但是主要是大的政策。我觉得最主要的原因还是锦江区那三大改革，它下决心要推动社会建设和培育社会组织了，这个是大的背景。

梁家恩：你们的办公地点就在那里了？

刘飞：我们的总部还是在市民中心。进入水井坊社区对爱有戏的发展是重要的一步。我们刚开始都不懂什么是社区，我们团队有一些刚大学毕业的年轻人，或者是年龄大的创始人，他们都不懂社区，但他们很信任我。我那时什么都没有，连项目都没有，就想做公益。我不知道街道、社区是什么。我一直在小区里生活，很少跟社区、街道打交道。

梁家恩：社区、街道对你们的生活影响不大？

刘飞：后来我做社会建设时我就知道，其实很多居民对社区、街道也没什么概念。当时我们手上有一个6万块钱的项目，6万块钱干一年，是一个叫PCD的机构给我们的，这个项目叫社区文化艺术。

梁家恩：是成都本土的组织吗？

刘飞：是香港的。这个项目的指导人员很有趣，他们不告诉你正确答案，老跟你探讨，让你思考、反思。我当时也并不知道什么是调研，反正闲着也是闲着，我就让那些志愿者去调研，这是我们迈出的很重要的一步，我们走了 2712 户，那个街道四个社区一共 4 万多人，我们就把低保户走完了，残疾人走完了，还有人家给我们推荐的一些人也走完了。走完以后我们就发现了一个社会问题——有穷人。这当时完全超乎我的想象，因为我的生活圈还是比较那种……

梁家恩：中产阶级的感觉。

刘飞：稍微中产，不算有钱，也不算穷。然后到那个地方去看了以后，你会发现城市的中心城区，一环路以内，成都的核心城区有穷人，完全超乎你的想象。然后我就说那干脆我们就去弄点物资，去看望这些人。后来就发现这是不可持续的。机缘巧合，我们遇到了青原色组织的一个项目——义仓，它是一个人文性很强的东西。义仓起源于中国的隋唐，它在中国的历史长河中发挥了非常重要的作用，新文化运动开展、宗祠受到批判以后它就慢慢淡出了历史舞台。它在古代起了很多作用，兴办义学、扶养老人。青原色原来老做人文纪录片。他们觉得很愧疚，因为拍的这些片子弄到国外去得奖，但是对于这些被拍的人来说，这对他们生活没有任何的帮助。于是他们有点想帮他们。青原色开始做这个项目时偏行为艺术了一点。于是我跟青原色的简艺老师联系。当时我也不会分析什么是城市社区，为什么它没有互助关系。但实际上它有深层次的问题，因为它是个陌生人社会，人和人之间的信任程度非常低。简艺老师把所有能够给我的东西都给我了。爱有戏接过来之后在水井坊做，效果很好。我们只收四样东西：旧物、食品、洗化品、时间。

梁家恩：这个很好，持续性的公益，不是一次性消费的。

刘飞：义仓有意思的地方还不在于它募集物资或者是义仓本身具有的那些故事。我们发现，在城市社区里面，首先要建立信任，它不可能像乡村社会那样是熟人社会。我们做了一个"单件物资可追溯"活动。开始是人工记录，后来开发了软件。通过这个软件你可以查到你捐赠的所有物资的去向。

梁家恩：有点像信息公开。

刘飞：我们当时还不是这样的概念。现在我们定义这个软件是邻里互助的一个辅助软件。义仓核心的一点是培养在地组织。我们就在社区里发动居民参与，一年后我们撤出了，居民在做，这样的组织我们叫"邻里互助中心"。

梁家恩：离开后还会帮助他们开展活动吗？

刘飞：会一直陪伴他们。我们现在已经覆盖成都十个区了。这个过程实际上是社区教育的过程。爱有戏也开发了很多社区教育的课程，促进人的变化，他们从对邻居漠不关心或者没有情感，到最后能够产生牵挂，然后真的有责任感去做这个事情。我觉得不是居民不具备公民精神，是没有这样的平台让他们展现。在义仓之后，我们又开发了义集项目，类似于公益庙会。社工做项目是这样的，刚开始我自己来做，我带动他们做到之后就撤出。因为社区是他们的，不可能永远依托外部的力量发展，要培养社区的力量。

梁家恩：类似于社区营造。

刘飞：我们当时也不懂社区营造，但觉得这样做是对的。爱有戏有好多好多项目，共同回应一个社会问题，然后来协同解决。这是我们探索的一个本土的工作方法。

梁家恩：爱有戏主要关注弱势群体，是吗？

刘飞：也不是。从2013年开始，我们就办全国培训班，把我们的做法梳理一遍。现在我们推动建立了义仓的发展网络，现在发展网络里面有400多家机构，101多个机构在49个城市复制义仓。我们的理想是复兴义仓文化。文化具有横向影响力，可以让社区的人重新互助起来，哪怕是在城市地区也能建立起邻里互助关系。义仓后来引起了政府的注意，因为它能够把社区居民动员起来。后来（政府）交给我们一个任务，做"居民自治"。我当时听都没有听过，更不会做。

梁家恩：虽然您说理论上不懂，但是实际上您已经在实践了，并且做得很成功。

刘飞：其实还是摸索了很长一段时间。开始我通过百度搜索案例，后来请了省社科院的郭虹老师给我们讲课。结果他的题目是"社区治理"，我当时纳闷，让你讲居民自治，为什么讲社区治理。我做了8个月我才有点心得。现在爱有戏发展形成了3个板块：第一个是社区发展；第二个是家庭综合支持；第三个是公共服务。

第一个是社区发展，包括社区互助，就是刚才讲的义仓；然后还有社区文化，社区文化在地进行文化生产，我们不再做唱歌跳舞方面的了，即使做，但它是基于口述史、生命史基础上的。通过这些东西来再造在地文化。在这个口述史的基础上，就会有纪录片、电影、戏剧、艺术节、社区故事馆等。第二个就是家庭综合支持。家庭综合支持其实也是从义仓发展起来的一个项目。我们通过在义仓活动开展过程中发现有一些家庭，你通过物资的帮扶、邻里的关爱还是不能解决它的问题，它还是有很多更复杂的一些问题需要专业力量来解决。所以后来我们就建立了个案管理中心。通过个案服务、创就业服务、社区互助、困境儿童保护等项目，改善贫困家庭生活现状，提高贫困家庭的发展能力。第三个是公共服务，就是一些政府职能的转移，我们也接一些。

梁家恩：政府职能转移的主要是哪些工作？

刘飞：现在经常讲居委会减负，只要跟审批无关的全部给社会组织来做。

梁家恩：就目前，机构里有多少专业社工？

刘飞：我们社工的比例是40%，持证的。其他的有一些是别的专业的，社会学、人类学、公共管理，还有从理工科转过来的。

梁家恩：您前面提到，主要的资金来自政府，这会不会影响组织的独立性？

刘飞：我觉得拿政府的钱不影响独立性，我跟别人的想法不太一样。政府为什么要拿钱来买你的服务，是因为你跟政府不一样了，你一定有自己的独立思想。像我们现在很多时候帮政府出主意，因为我们对基层了解。社会组织第一要有自己的专业性，我不赞同社会组织被权力吸纳，也不赞成社会组织被资本吸纳的观点，社会组织总还是要有所坚守的。它的价值并不仅仅是能够提供很好的服务，我觉得如果是提供很好的服务，企业也可以，最关键的是我们的价值在于我们代表了正义、公平，代表了公民对社会的责任，这个才是第三部门存在的最核心的部分。

梁家恩：您说得特别对。您觉得在成都，类似于爱有戏这样做社区服务的机构多吗？

刘飞：成都的社会组织很发达，它的特点是活跃在社区。

梁家恩：您觉得成都社会组织活跃的原因是什么？

刘飞：有几个原因，我觉得第一个是成都有市民社会的基础，休闲、爱管闲事。很多人说2008年是公益元年，我一点儿都不同意。我从1999年就开始做志愿者，很多人都参与志愿活动。只是地震发生后，大家才看到了这些志愿组织而已。

第二个是"5·12"地震以后很多有名的基金会、社会组织进驻成都，对成都当地的机构有很重要的影响。成都有很多由志愿者组织转型过来的社会组织。

第三个是整个成都的政策环境比较好，各个区会搞一些创新。很多项目是创投，而不是政府预先制定好的。那个时候给了社会组织很多的机会。现在成都市级层面出政策了，今年成都市成立社区发展治理委员会。成都还有公服资金，少则十几万元，多则三十几万元资金，全部拿来购买服务。

第四个就是成都的干部教育做得好。成都有三大学院：城市社区学院、村镇学院和社会组织学院。成都对领导干部进行轮训。不过整体发展比较不均衡。但我还是挺有信心的，成都未来社会组织的发展应该会更好，参与社会治理的程度还会更深。总之，成都很自由，但监管又很有力度。还有一个原因是，成都一直都是承认社工应该有工资，承认机构有管理费的。

梁家恩：对这一点，很多人都是有误解的。

刘飞：要促进社会组织发展，你就该给它管理费。

梁家恩：没有这笔管理费用，社会组织难以持续。

刘飞：不是难以持续，是做不到专业。

梁家恩：对于爱有戏的未来，您有计划开拓新的板块吗？

刘飞：从 2016 年开始，我们努力成为一个实操加支持型机构，希望将我们的经验跟更多的社会组织共享，为它们提供借鉴。爱有戏的未来应该是一个实操加支持型的组织，然后在研究领域形成自己的特点。但总的来说，我比较看好这个行业，因为我们的社会需要。如果只有商业和政府，整个社会就会冷冰冰的。

梁家恩：这是一个美好的愿望和设想，祝愿爱有戏的发展越来越好，也非常感谢您接受我们的采访。

刘飞：不客气。

如何让梦想传承下来？

——访岭南（大学）学院国际龙舟会原中方召集人刘超常

万　方

访谈时间：2017年8月2日19：00～20：30

访谈地点：广州市番禺区亚运城国际区

被访者：刘超常［岭南（大学）学院国际龙舟会原中方召集人，现成员］

访谈人：万方（广东财经大学公共管理学院副教授）

【岭南（大学）学院国际龙舟会简介】

岭南（大学）学院国际龙舟会于2006年由MBA学生创建，迄今已有11年历史。队伍成员主要由岭南（大学）学院学生以及来自其他国家的交换生组成。最初，岭南（大学）学院国际龙舟会是一支项目型的团队，其主要任务是代表中山大学岭南（大学）学院参加每年一次的广州国际龙舟邀请赛。2013年以后，岭南（大学）学院国际龙舟会建立起更为正式的内部组织化结构，制定了更为清晰的组织愿景。他们希望能如哈佛vs耶鲁、牛津vs剑桥的赛艇对决那般，中国的名校也可以用中国传统的方式来一决高下,并为世人瞩目。

【人物简介】

刘超常,曾于2012~2014年担任中山大学岭南(大学)学院龙舟会召集人,其间带领团队解决了训练场地、训练设施、队伍结构优化等基础性问题,为队伍的长远正规化发展奠定了基础,队伍的竞技水平稳步上升。发起了年度校友龙舟联谊活动,为龙舟文化的传承与推广创造了平台,也为校友交流聚会提供了新的可能。

万方:刘先生您好,很高兴您能接受《中国第三部门研究》的约访。作为关注中国第三部门发展的集刊,我们不仅旨在进行相关学术性的研究,更希望能够与中国第三部门的实践者一起面对现实问题、交流现实问题,一起成长、一起提高。这次同样希望能够得到您的一些心得与体会。

刘超常:你好,也感谢你对我们龙舟会的关注。

万方:我了解到岭南(大学)学院国际龙舟会2006年就已经成立了,它是中山大学学校组织建立的吗?

刘超常:不是的,龙舟会是由一位留学生Brian创建的。这位美国留学生为实现自己的龙舟梦想而组织同学参与这一极具中华传统民俗色彩的体育赛事。所以,我们更像是一个草根组织。

万方:外籍学生的参与对组织创建阶段有什么直接影响吗?

刘超常:可以说是有利有弊,但总体来说还是利大于弊,因为优势是天然的、独一无二的,而带来的劣势是可以克服的。比如说,得益于岭南学院参赛队员的国际性,龙舟每一年从组队、训练、比赛,全程都受到了社会各界的关注及支持,先后冠名为"岭南佳得乐梦之队"(百事冠名)、"岭南合景泰富梦之队"(合景泰富冠名)、"岭南白云山梦之队"(白云山和黄中药冠名)、"岭南白云山凉茶梦之队"(白云山和黄中药冠名)、"岭南2013国际龙舟梦之队"(食尚国味山东老家支持）、"岭南力动康体国际龙舟男子队"、"岭南迪卡侬国际龙舟女子队"。新闻媒体，如《南方都市报》、广东电视台、南方电视台、广州电视台，以及大量网络主流媒体如搜狐等都对我们有过相关报道。另外，龙舟会的国际性也让组织训练过程变得更加有趣。当然，这也带来一些困难，团队文化的多样性有时会对组织过程产生不利的影响。

万方：什么样的不利影响？能否举个例子？

刘超常：比如某训练日当天下起了阵雨，中国队员认为下雨不可能再训练，于是打电话请假。泰国队员得知中国队员请假后，大部分也提出请假。只有欧洲队员和一个泰国队员按时到达集合地，并乘车冒雨赶到训练地点。当训练开始时雨已经停了，欧洲队员对其他队员的行为不满，整个训练期间情绪低落。我认为有必要召集中国及泰国队员开会，边吃饭边对训练的表现进行讨论。而外方召集人 Francesco 表示强烈反对，理由是团队是一个整体，不能抛开其他欧洲队员单独聚会，这样会分裂整个队伍。所有活动只能队伍一起参加。我认为需要鼓励缺席队员说出自己的想法，然后进行引导，并且委婉地对队员的频繁缺席一事提出批评。Francesco 的沟通方式由于中国队员的性格，将使他们不会有参与感。在这个事件中，双方首先对团队有着截然不同的认识。Francesco 认为团队就是一个完全的整体，不能被人为分割成几个小团体。在团队中只有角色的差别，没有国籍之分。因此中方队员不能抛开欧洲队员私下单独聚会。我认为 Francesco 的想法过于绝对，虽然团队是一个不可分割的整体，但是在实际情况中，团队成员由于语言、文化以及价值观上的差异，往往不能进行良好的沟通。Francesco 作为队长，他的想法和表达方式经常不能被中国队员所理解，需要有一个机会让大家把想法说出来，让管理人员能够了解到队员的思想动态。而吃饭这种形式，正是一个和队员沟通并进行激励的好机会。

万方：这就是团队文化多样性对于团队决策造成的困扰。那么，作为一个以纯粹信念或梦想为基础的组织，龙舟会是如何持续发展 11 年之久的？

刘超常： 其实，龙舟会一开始的困难不仅仅是团队文化。还有两个困难，一是队员经验不足，成员的流动性很大。团队成员主要来自MBA学生、研究生以及短期交换的留学生，由于学制的原因，每年的队伍基本上都是由新成员组成；二是作为一支民间队伍，龙舟队并没有固定的训练场所和有经验的教练，训练器材也十分缺乏。往年的队伍往往只是在经过了几次训练之后就进行比赛，成绩一直不佳，有时甚至无法吸引到足够的成员参加比赛。

万方： 所以这也是2013年你们改革的缘由？

刘超常： 是的，2013年届学生除了继续享受过程，体验传统文化与国际团队外，有了更新的目标，希望在成绩上有所突破，为岭院正名。队伍组织者提出了"One Team, One Dream"的口号，将队伍的愿景描述为，成为一支像哈佛大学赛艇队vs耶鲁大学赛艇队那样的优秀的水上运动员队伍。

以前通常只面向MBA学员，队伍成员较不稳定。每年均是重新开始，缺少传承。2013年开始从全学院招募、遴选新队员，本、硕、博学生都有参与。为了队伍的长远发展，我们把队伍的招募重点放在本科阶段学生，因为他们青春年少、血气方刚，更因为他们要在学校待四年，有利于竞技水平提升，有利于文化的传承。从2013年下半年开始，招募时间从春季学期开始提前至秋季学期开始时，训练时间也随之提前，这使得龙舟真正成为贯穿整个学年的体育活动。

万方： 这种组织文化的传承具体是怎么实现的？因为听上去新的方式除了扩大招募范围之外，也是以新队员替代老队员进行换血。

刘超常： 我们是想办法确保一半以上的会员至少划两年，这样能保证以老带新，不至于一下子就全盘换掉。比如2014年的几位负责人都是2013年时我们的队员。另外，我们老队员也不是完全退出龙舟会的活动，会以直接或间接的方式参与进来。比如，有些经费就是由老队员个人出资的，还有2014年我们与校友会联合发起了一年一度的校友龙舟联谊活动，包括划龙船比赛和一些亲子活动，到今年已经是第四年了。我们不仅是龙舟会的成员，也是中山大学的校友，所以也有意向组织一支常态化的校友龙舟队，或者成立校友龙舟俱乐部。

万方：可以说，龙舟会已经从松散的团队逐渐成长为较为成熟的社会组织了，这样的话，组织经费怎么解决呢？

刘超常：是的，龙舟会始终定位为草根组织，注重维护相对独立性，与学校保持合作关系而不是依附关系，未纳入学生会或研究生会及一般化社团体系。2013年后，我们重新设置了组织内部的构架。基于功能将整个组织分为：运营、媒体、竞技三个部分。竞技板块负责训练、比赛；媒体板块负责运营新媒体，与传统媒体合作，做好宣传推广；运营板块，则是与潜在合作方沟通，研究需求，寻求共赢，获得经费。经费的话主要是两块，一是社会捐赠，包括商业赞助与校友支持；二是学院及MBA中心的启动资金，以及后续追加，因为我们毕竟打着学院的旗号，也是为学院争光。

万方：那么，龙舟会除了承载着复兴龙舟运动的梦想，还希望承担什么样的社会责任呢？

刘超常：作为一个社会组织，我们希望能为学生成长、接触社会提供平台：譬如划船本身可以锻炼身体，强化身体素质；加入媒体部门，将有机会亲自运营媒体，与各种媒体资源广泛接触；投身运营事业，相当于执掌市场与销售部门，还有利于广泛接触校友资源。此外，因为龙舟会的独特性——国际与传统的融合，吸引了媒体关注，有利于提升学校形象与软实力。龙舟队还组织了一年一度的校友活动，有利于学校更好地凝聚校友人心。

万方：好的，感谢您接受访问，也祝愿龙舟会能够持续成功！

刘超常：谢谢！

域外见闻

INTRODUCTION OF RESEARCH
INSTITUTION OVERSEAS

美国公共服务外包风险管理的经验与启示[*]

吴 磊[**]

摘　要： 风险管理是公共服务外包流程中的关键环节。本文选择公共服务外包发展成熟的美国作为研究对象，回顾美国公共服务外包的历史演进历程，总结公共服务外包中风险管理的主要经验，得出有益于我国推进政府购买公共服务风险防范的相关启示。借鉴美国公共服务外包经验，应当从完善公共服务外包法律体系、构建风险防范机制、提升社会力量承接服务能力、完善多主体参与和重视公共服务外包绩效评估等五个方面着手有效地防范公共服务外包风险。

关键词： 公共服务外包　风险防范　风险管理

公共服务外包是公共部门改革重要的市场化安排。20世纪70年

---

[*] 本文是国家社科基金青年项目"政府购买居家养老服务风险防范机制研究"（项目编号：16CZZ013）和2015年上海高校中青年教师国外访学进修计划的阶段性研究成果。

[**] 吴磊，上海交通大学第三部门研究中心博士后，上海工程技术大学社会科学学院副教授，美国亚利桑那州立大学访问学者，研究方向为公共服务外包、合作治理，E-mail: woolaywind@163.com。

代，随着新公共管理运动的兴起，政府、市场和社会关系的重新定位，公共服务外包作为一种重要的公共服务供给机制，开始在欧美国家迅速兴起并取得了不俗的成效。在我国，转变政府职能和建设服务型政府渐成大势所趋，越来越多的私营企业和社会组织开始承接政府委托的公共服务，有效地满足了公众需求。然而，目前理论界对于国外公共服务外包的风险管理缺乏系统的梳理，大多聚焦于公共服务外包过程中的政社关系、流程管理和绩效评价等方面。研究视角的缺失，将不利于有效识别和防范公共服务外包风险，提升合同外包绩效和公共服务供给质量。鉴于此，本文选取公共服务外包较为发达的美国作为研究对象，在回顾美国公共服务外包历程的基础上，总结美国公共服务外包风险管理的主要经验，最后归纳出可资借鉴的经验与启示。

一 美国公共服务外包的历史演进

20世纪50年代，加利福尼亚州Lakewood市将城市公共服务外包，创造性地提出了"莱克伍德方案"（Lakewood Plan），将紧急救护服务、消防和治安服务、下水道维护、心理保健服务等公共服务进行签约外包，开创了美国公共服务外包的先河，亦受到美国诸多城市的追捧和效仿（张鲁萍，2017）。自此，美国州和基层政府也愈加依赖于私营部门和非营利组织提供公共服务。而据美国国际市县管理协会（ICMA）的调查显示，公共服务除了政府提供之外，还包括六种替代性供给方式，即外包给私营部门、外包给非营利组织、政府间合作、特许经营、补助和志愿服务。ICMA的调查对象涉及了7大类64种公共服务，覆盖的领域包括公共工程与交通、公共安全、公共事业、健康与人力资源、公园及娱乐、文化艺术与保障功能（句华，2008）。2007年的数据显示，直接的公共服务供给占据了所有公共服务供给的53%，混合供给占到了18%，而合同外包占到了29%。两种最常见的合同外包选择是与其他政府以及营利性组织订立合同（Hefetz et al.，2014）。而通常情况下，承包给社会组织也是合同外包的重要选择,毕竟社会组织的志愿性、非营利性等特点成为政府外包考虑的重要因素。故而,政府的资助和合同收入也是社会组织收入的主要来源,截至 2011 年,从政府部门获得的合同和捐赠收入已经占据了公益慈善组织总收入的 1/3,多于从私人捐赠获得的收入(占比为 13%),略少于从私人部门获得的费用(占比为 47%)(Pettijohn & Boris,2013)。而据萨拉蒙的估计,1994 年,美国公共服务外包金额达到 740 亿美元,大致相当于美国 GDP 的 1%。在美国,联邦政府每年通过合同支付约 5000 亿美元,约占联邦支出的 16%,而将债务的权利和利息被排除在外后,大约有 40%的可自由支配开支。在州和地方(市、县等)政府,与非营利组织签订的合同金额每年超过 1000 亿美元(Boris et al.,2010)。2012 年,一项对于地方、州和联邦政府共计 56000 家社会组织的调研显示(见表 1),公共服务外包的范围涉及从动物保护项目到学前教育项目、从社区提升项目到职业培训项目。其中,多数为社会服务组织,所占比例为 53%。合同的金额从 1000 美元到 32.5 万美元不等(Sarah et al.,2013)。

表 1 合同外包和资助金额

组织类型	数量(家)	比例	中间值(美元)	中位数(美元)	总计(百万美元)	比例(%)
艺术、文化与人文	7189	12.9	152074	33600	1081	0.8
教育	3828	6.9	1392814	157034	5223	3.8
环境与动物保护	2359	4.2	560871	101800	1306	1.0
健康	6729	12.1	5586483	545082	36448	26.5
社会服务	29483	52.9	2826338	387732	80565	58.6
其他	6114	11.0	2203786	274688	12769	9.3
总体	55702	100.0	2543870	250000	137392	100.0

资料来源:城市机构、全国非营利组织与政府合同调查(Sarah L. Pettjohn, Elizabeth T. Boris, Carol J. De Vite and Saunji D. 2013. "Nonprofit-government Contracts and Grants Findings from the 2013 National Survey," Washington DC: Urban Institute Report),2013。

然而，对于许多非营利组织而言，公共服务外包并非一帆风顺，反而问题重重，这包括：约有68%的受访者反映政府没有完全支付服务成本的问题；对75%的受访者而言，申请和报告项目的复杂性和时间要求是一个问题；对于58%的受访者而言，政府对现有外包合同和补贴的变动也是一个问题；对于53%的受访者而言，已实施项目的迟缓支付也成为一个问题（Sarah et al.，2013）。正如Dehoog（1984）所指出的，社会服务外包存在诸多的缺陷和风险，其一是腐化或惬意的政社关系会侵蚀竞争和质量控制，最终导致高成本和质量低下的服务；其二是影响社会力量的独立性和自治；其三是当服务质量较低时，公共服务项目执行者很难对选举官员或者官僚负责；其四是过于依赖私人组织，造成制定和执行公共政策变得愈加困难；其五是会造成公共服务领域的不平等（Dehoog，1984）。

在公共服务外包如火如荼推进的时候，服务外包的绩效并非如预期般那么显著，尤其是降低成本和提升公共服务质量方面的效果也不尽如人意。以至于有学者断言，在过去的几十年中，交易成本和公众呼声一直被视为美国城市从承包到逆向承包的偏好转变的最重要的动因（Hefetz & Warner，2007）。按照赖特的分析，美国政府购买服务创造了一个巨大的影子政府，仅联邦政府在1996年就间接雇用了1260万的外部劳动力。1990~2000年，美国联邦政府的雇员数量有所下降，但州和地方政府的雇员数量上升很快，三级政府的雇员总数从1776万人上升到1986万人（Light，1999）。与此同时，以绩效为导向的外包服务也存在缺陷，如抑制创新；只有在成本削减方面而不能在服务供给方面鼓励创新；抑制超额完成预期绩效；无法提供启动成本；抑制共生关系；奖赏的可能是承诺而不是业绩；必须依赖于产生而非结果；使用的评价指标可能歪曲行为；可能鼓励虚报绩效；损害公平和公正（Ben & Kan，1999）；此外，公共服务外包缺乏足够的竞争机制。由于地理市场缺乏竞争（农村、郊区、城市）以及公共服务类型的差异（难民安置、药物滥用与上瘾），公共管理者很难准确地弥补供给方缺陷（市场供给者较少），同时限制他们使用合同终止作为管理策略（因为供给方数量过少）。

二　美国公共服务外包风险管理的主要经验

（一）明确政府职能边界

1967年，美国联邦预算办公室，即现在的管理与预算办公室，签署了A-76号通告，为政府机构决定是否外包商业活动提供了政策指导与实施程序。1998年《联邦职能清单改革法案》（*Federal Activities Inventory Reform Act*）要求所有联邦机构识别哪些职能"本质上属于商业性质"且能够由私营部门承包商来承担。美国联邦采购政策局1992年发布的《92-1号政策函》（*Policy Letter 92*）对政府固有职能进行了阐释，若某项职能与公共利益密切相关，以至于应当由公务人员执行的，即属于政府固有职能，如确定公民福利资格的责任（宋世明，2016）。与此同时，美国政府在合同外包过程中也制定了相应的负面清单，决定哪些社会服务不能被外包和市场化。政府将"政府固有职能"之外的产品与服务作为外包的范围，分别在联邦政府、州政府和地方政府开展，外包公共服务制度化显著。还采用了"负面清单"管理制度，明确规定哪些服务不能被外包。同时，为了适应不同的外包程序，将外包的公共服务分为硬服务和软服务，硬服务符合竞争性招标的条件，大多采用竞争模式；软服务主要采用非竞争模式，主要包括协商模式和合作模式。

（二）完善的法律规制

在美国大多数的司法管辖区，合同外包过程通常有一系列的法律规制，适用于整个公共服务合同。在联邦层次，这一规定是联邦收购原则（FAR），许多州效仿联邦政府，建立了一系列相似的政府合同规则（Trevor et al.，2016）。美国政府根据不同时期需要，制定相关购买服务必需的法律，包括《联邦财产和行政服务法》《联邦采购规定》《合同竞争法》《服务获取改革法》，规定政府购买服务所需的相关程序和要求。为了降低成本和提高管理质量，美国根据《联邦政府绩效和结果法》，建立了一套严格的监管制度：外包经费都有详细的预算，纳入政府年度预算中，每年都由国会审议通过，州和地方政府由州议会、地方议会审议通过；在外包时采取透明化的管理制度，外包内容、外包标准、外包方式都会及时向社会公开；外包流程规范，六个外包环节环环相扣，具体包括规划（在外包服务前有一个详尽与长远的规划，为外包服务指明方向）—选择（依据既定的规则选择社会组织）—交流（与社会各界进行有效沟通）—评估（确定评估标准）—外包（按既定计划外包给非营利组织）—监督（外包生效后，采取信息报告、实地核查、投诉处理、审计监督等）。美国通过公共服务外包的法制建设，拟定了激励约束标准，有效地防范了公共服务外包中出现的寻租、道德和制度等各类风险。

（三）引入市场竞争机制

正如美国学者萨瓦斯所言，任何民营化的努力的首要目标，都是在公共服务的递送过程中引入竞争和市场化力量（Savas, 2000）。Dehoog (1984) 认为理想的合同外包环境具有在买方和买方的竞争以及覆盖在交易过程中合同成本所需要的资源。有效竞争是降低公共服务外包成本和提升公共服务质量的关键。印第安纳波利斯、费城和克利夫兰市有着最完善的竞争合同，可以称得上是这一领域的先驱。在过去的五年内，许多州开始模仿它们。弗吉尼亚州制定了最完整的管理竞争制度，向工作人员提供技术援助以使其更好地参与到招标过程，同时禁止机构实施竞争服务收费。马萨诸塞州和纽约州也同样利用了竞争力合同替代方案，其他国家正在朝这个方向前进，马里兰州和新西兰的管理竞争的立法建议即是证明，泽西岛也建立了类似的竞争性合同（Deborah, 1999）。

与此同时，公共服务供给的横向部门竞争也成为防范公共服务外包风险的重要手段。地方政府通常使用合并外包的策略来防范外包风险，混合合同外包往往适用于营利性机构而整体性外包通常适用于发包给其他政府。当与营利性合作伙伴订立合同时，混合供给能够降低风险、提升市场竞争力并确保对于公众利益的有效关注（Amir et al.，2014）。

（四）通过监管来防范公共服务外包风险

公共服务的复杂性特征以及外部制度环境的变化决定了需要在公共服务购买过程中采取有效的监管措施。良好的外部监管是美国政府防范公共服务外包风险的重要保障。美国审计总署1997年的报告显示，合同绩效的监控乃是合同外包过程中最弱的一个环节（U. S. General Accounting Office，1997）。为了体现评估的科学性和公共性特点，第三方评估机构往往将公共服务目标群体、非营利组织人员等利益相关主体纳入评估主体。如笔者2017年从事学术访问的坦佩市，公共服务外包的招投标和听证会以及评估会会向公众开放，当地居民只要经过一定时长的专业培训，就可参与公共服务项目的评估过程。与此同时，Osborne和Plastrik也指出政府通常采用四个监管程序来降低合同外包的风险，分别为监控民众诉求、实施民众满意度调查；分析承包商绩效数据以及在外包领域审查承包商行为。在监控民众诉求方面，比如加利福尼亚森尼维尔市公园与重建部，建立了一个计算机数据库用来追踪民众诉求以及采取必要的措施来满足诉求（Osborne & Plastrik，2000）。而在实施民众满意度调查方面，在加利福尼亚州的圣迭戈和亚利桑那州的凤凰城，针对特别服务类型，政府主导了周期性的满意度问卷调查，用来评估随着时间推移居民如何评价社会服务质量（Segal，2002）。

三 美国公共服务外包风险管理的主要启示

近年来，随着政府职能转变步伐的加快以及社会力量的壮大，公共服务外包日益制度化和规范化，风险管理也日益成为公共服务外包中的关键环节。借鉴美国公共服务外包经验，应当从完善公共服务外包法律体系、构建风险防范机制、提升社会力量承接服务能力、完善多主体参与和重视公共服务外包绩效评估等五个方面着手有效地防范公共服务外包风险。

（一）完善公共服务外包的法律体系

一方面，针对公共服务外包法律中对于风险管理相关内容的忽视，应当修订现行的《中华人民共和国政府采购法》及《中华人民共和国政府采购法实施条例》。在"政府采购程序"和"政府采购合同"等章节中明确合同管理和招投标流程的风险管理，同时制定出具体的风险管理方案。另一方面，进一步完善地方政府法律制度。目前全国各大省市先后出台了公共服务外包的地方性规章和规范性文件，然而从政策文本的内容来看，大同小异，且规定较为宏观，缺乏相关的配套性细则。在公共服务外包风险防范方面，建议根据地方经济发展水平和区域内社会组织发育状况，制定出具有可操作性的《政府购买公共服务招投标管理办法》以及《政府购买公共服务风险管理办法》，进一步明确风险管理的总体思路、主体、客体和程序等内容，不断强化对公共服务外包中可能出现的各类风险的防范和控制。

（二）建立科学的公共服务外包的风险防范机制

风险管理应当贯穿于公共服务外包的决策、实施和评估的全过程。除了完善相关制度体系之外，还应当建立起科学有效的公共服务外包的风险防范机制。一是明确公共服务外包的风险评估主体。可以在全国政府购买公共服务领导小组下设风险管理委员会，地方层面，要加快建立地方政府购买公共服务领导小组，同时设置风险管理委员会，积极吸收包括政府职能部门、社会组织、专家学者在内的多方主体共同参与，同时规范风险评估流程，明确风险评估的范围，制定风险预警、风险识别和风险评估的相关预案。二是清晰界定定量化、可操作的服务标准。

在公共服务外包中界定清晰、明确、具体的服务标准，防止承接方借履行合同裁量空间降低服务标准，侵害社会公众利益。2011年，上海市质量技术监督局通过了社区公益服务的地方标准《社区公益服务项目绩效评估导则》，政府购买公共服务标准化的建设对于风险防范能够起到积极的推动作用。因此，建议由国家质检总局联合民政部门等制定全国层面的《政府外包公共服务绩效评估导则》，进一步制定和完善公共服务外包的国家标准、地方性标准，鼓励行业性组织创建团体性标准和行业性标准，以标准化建设为着力点有效防范政府外包服务出现的各类风险。三是积极完善承接公共服务的社会组织准入机制，建立合格供应商制度。对包括社会组织、市场组织在内的提供商设定资格条件，从而最大限度地避免因社会组织能力不足而引发的外包风险。

（三）提升承接公共服务的社会组织能力

社会组织是承接政府外包公共服务的重要主体，也是保证公共服务能否实现非营利性、专业性和可持续发展的关键。社会组织能力的提升，能够确保有效地防范公共服务外包中出现的质量风险和技术风险等。目前，一方面，要增强社会组织自身专业化水平，提升社会组织承接服务的能力。目前我国社会组织的发展还不够完善，自身实力弱，资源动员能力和募集资金能力有限，提供公共服务的社会组织专业化不足，缺乏服务理念和专业经验。2015年颁布的《中华人民共和国职业分类大典》增加了"劝募员""社会组织专业人员"等涉及社会组织工作的职业。因此，应当尽快推进2015年职业大典的岗位设置，建立相应的培训考试制度，从而不断提升社会组织管理人员专业化和职业化水平。另一方面，推进社会组织等级评估与公共服务外包挂钩。实行严格的社会组织末位淘汰机制，不断提升承接政府购买公共服务的供给方水平和质量。同时，对接新颁布的《中华人民共和国慈善法》以及新修订的《社会服务机构登记管理条例》和《基金会管理条例》，建立承接公共服务外包的社会组织黑名单制度，并且纳入社会组织统一的信用查询平台，实现动态调整，优胜劣汰。

（四）充分发挥政府、社会组织和公众多方参与风险防范的作用

公共服务外包涉及多元利益主体，多主体参与也是确保公共服务外包取得成功的关键因素。由于多元主体利益诉求差异较大，在风险防范过程中，更需要充分调动和发挥包括政府、社会组织和公众多方参与的积极性。一是增强政府风险防范意识。推进公共服务外包的信息公开机制建设，积极提升合同管理能力，从服务外包流程各环节严格把关，择优选择，严格政府购买服务资金管理，对政府外包公共服务的绩效进行监督评价，以便进行动态调整。二是强化社会组织风险意识。注重社会组织制度和内部治理机制建设，通过多种途径提升社会组织承接公共服务的能力；严格社会组织的财务管理，推进信息公开和财务公开。三是加强公众对于政府向社会组织购买公共服务的参与程度，客观有效评价外包的服务和效果。同时，建立社会组织承接政府购买公共服务的中介组织，积极发挥行业协会、社会组织联合会等在政府外包公共服务中的监督作用。四是建立政府外包公共服务的多元问责框架。许多学者认为在公共服务外包过程中必须平衡好包括问责与公共偏好在内的一系列的社会关注（Stirton & Lodge，2001）。对政府外包公共服务中风险防范不力的相关主体，进行问责，保障政府外包公共服务效率和效益的实现。

（五）重视公共服务外包的绩效评估

绩效评估也是防范公共服务外包风险的重要实现方式，目前按照评估主体的不同，政府外包服务的评价大致分为委托方即政府评估、承接组织自评、第三方评估等，其中最为科学有效的是第三方评估，因为其机构具备独立性和专业性等特点。但实践中独立的第三方政府外包公共服务评估机构还处于刚刚起步阶段，非常少，发挥的作用有限，难以达到科学评估公共服务供给绩效的目的。从专业化建设的角度分析，

应当积极提升第三方评估机构的专业化水平。未来有三个方向：一是增强第三方评估机构的独立性，建立良好的外部资金支持制度，这是机构专业性和社会公信力的必然要求；二是应当充分利用现代信息技术，建设基于大数据分析的政府外包公众参与度和满意度的常态化信息反馈分析平台；三是借鉴和创新绩效评估工具，有效满足不同类型的公共服务外包项目绩效评估需求。

【参考文献】

句华，2008，《美国地方政府公共服务合同外包的发展趋势及其启示》，《中国行政管理》第 7 期，第 104 页。

宋世明，2016，《美国政府公共服务市场化的基本经验教训》，《国家行政学院学报》第 4 期，第 109 页。

张鲁萍，2017，《美国公共服务外包的演进轨迹及其启示》，《河南财经政法大学学报》第 4 期，第 95 页。

Ben R. D. , Kant P. A. 1999. "Strategies for Avoiding the Pitfalls of Performance Contracting," *Public Productivity and Management Review*, 22 (4): 1007 – 1015.

Boris, E. T. , de Leon, E. , Roeger, K. L. , & Nikolova, M. 2010. *Contracts and Grants between Human Service Nonprofits and Governments*. Washington DC: Urban Institute Report.

David M. Van Slyke. 2005. "Agents or Stewards: How Government Manages its Contracting Relationships with Nonprofit Social Service Providers," *Academy of Management Annual Meeting Proceedings*.

Deborah. A. Auger. 1999. "Privatization, Contracting, and the States: Lessons from State," *Government Experience*, 22 (4): 435 – 454.

Dehoog R. H. 1984. *Contracting out for Human Services: Economic, Political, and Organizational Perspectives*. Albany: State University of New York Press.

Hefetz, A. , Mildred Warner, Eran Vigoda-Gadot. 2014. "Concurrent Sourcing in the Public Sector: A Strategy to Manage Contracting Risk," *International Public*

Management Journal, 17 (3): 365 – 386.

Hefetz, A., M. E. Warner. 2007. "Beyond the Market Versus Planning Dichotomy: Understanding Privatisation and Its Reverse in US Cities," *Local Government Studies*, 33 (4): 555 – 72.

Light, Paul C. 1999. *The True Size of Government*. Wahington, DC: Brookings Instituion.

Osborne, D., & Plastrik, P. 2000. *The Reinventor's Field Book*. San Francisco: Jossey-Bass.

Sarah L. Pettijohn, Elizabeth T. Boris, Carol J. De Vita and Saunji D. 2013. "Nonprofit-government Contracts and Grants Findings," *from The* 2013 *National Survey*. Washing DC: Urban Institule Report.

Savas, E. S. *Privatization and Public-Private Partnerships*. New York: Chatham House, 2000.

Segal, G. 2002. *Performance Measures Improve City Governments*. PA Times, 1 – 9.

Stirton, Lindsay, and Martin Lodge. 2001. "Transparency Mechanism: Building Publicness into Public Services," *Journal of Law and Society*, 28 (4): 471 – 89.

Trevor L. Brown, Matthew Potoski, David Van Slyke. 2016. "Managing Complex Contracts: A Theoretical Approach," *Journal of Public Administration Research And Theory*, 26 (2): 294 – 308.

U. S. General Accounting Office (GAO) . 1997. "Privatization Lessons Learned by State and Local Governments," *Reprot to the Chairman, House Republic Task Force on Privatizaion*. Washington, DC: Government Printing Office. GAO/GGD. 97 – 48.

稿约及体例

《中国第三部门研究》（*China Third Sector Research*）是由上海交通大学中国公益发展研究院、上海交通大学第三部门研究中心主办，上海交通大学中国公益发展研究院院长、上海交通大学第三部门研究中心主任徐家良教授担任主编，社会科学文献出版社出版的专业性学术期刊，每年出版 2 卷，第一卷（2011 年 6 月）、第二卷（2011 年 11 月）、第三卷（2012 年 6 月）、第四卷（2012 年 12 月）、第五卷（2013 年 8 月）、第六卷（2013 年 12 月）、第七卷（2014 年 6 月）、第八卷（2014 年 12 月）经由上海交通大学出版社公开出版。从第九卷开始由社会科学文献出版社出版，现在已经出版至第 13 卷。

本刊的研究对象为第三部门，以建构中国第三部门发展的理论和关注现实问题为己任，着力打造第三部门研究交流平台。本刊主张学术自由，坚持学术规范，突出原创精神，注重定量和定性的实证研究方法，提倡建设性的学术对话，致力于提升第三部门研究的质量。现诚邀社会各界不吝赐稿，共同推动中国第三部门研究的发展。

《中国第三部门研究》设立四个栏目："主题论文""书评""访谈录""域外见闻"。"主题论文"栏目发表原创性的理论和实证研究文章；"书评"栏目发表有关第三部门重要学术专著评述的文章；"访谈录"栏目介绍资深学者或实务工作者的人生经历，记录学者或实务工作者体验第三部门研究和实践活动的感悟；"域外见闻"栏目介绍境外第三部门研究机构和研究成果。

《中国第三部门研究》采用匿名审稿制度，以质取文，只刊登尚未公开发表的文章。

来稿请注意以下格式要求：

一、学术规范

来稿必须遵循国际公认的学术规范，项目齐全，按顺序包括：中英文标题、作者姓名、工作单位和联系方式、中英文摘要及关键词、正文、参考文献。

（一）标题不超过20字，必要时加副标题。

（二）作者：多位作者用空格分隔，在篇首页用脚注注明作者简介，包括工作单位、职称、博士学位授予学校、博士学位专业、研究领域、电子信箱。

（三）摘要：文章主要观点和结论，一般不超过300字。

（四）关键词：3~5个，关键词用分号隔开。

（五）正文：论文在10000~25000字，书评、访谈录、域外见闻2000~8000字。

（六）作者的说明和注释采用脚注的方式，序号一律采用"①、②、③……"每页重新编号。引用采用文内注，在引文后加括号注明作者、出版年份，如原文直接引用则必须注明页码，详细文献出处作为参考文献列于文后，以作者、书（或文章）名、出版单位（或期刊名）、出版年份（期刊的卷期）、页码排序。文献按作者姓氏的第一个字母依A-Z顺序分中、英文两部分排列，中文文献在前，英文文献在后。作者自己的说明放在当页脚注。

（七）数字：公历纪元、年代、年月日、时间用阿拉伯数字；统计表、统计图或其他示意图等，也用阿拉伯数字连续编号，并注明图、表名称；表号及表题须标注于表的上方，图号及图题须标注于图的下方，例："表1……""图1……"等；"注"须标注于图表下方，以句号结尾；"资料来源"须标注于"注"的下方。

（八）来稿中出现外国人名时，一律按商务印书馆出版的《英文姓名译名手册》翻译，并在第一次出现时用圆括号附原名，以后出现时不再附原名。

二、资助来源

稿件如获基金、项目资助，请在首页脚注注明项目名称、来源与编号。

三、权利与责任

（一）请勿一稿数投。投稿在 1 个月之内会收到是否刊用的通知，会把意见反馈给作者。

（二）文章一经发表，版权即归本刊所有。凡涉及国内外版权问题，均遵照《中华人民共和国著作权法》及有关国际法规执行。

（三）本刊刊登的所有文章，如果要转载、摘发、翻译，请与本刊联系，并须得到书面许可。

四、投稿

《中国第三部门研究》随时接受投稿，来稿请自备副本，概不退稿。一经发表，即送作者当辑集刊 2 册。稿件请发至电子邮箱：cts@sjtu.edu.cn。

五、文献征引规范

为保护著作权、版权，投稿文章如有征引他人文献，必须注明出处。本书遵循如下文中夹注和参考文献格式规范。

（一）文中夹注格式示例

（周雪光，2005）；（科尔曼，1990：52～58）；（Sugden，1986）；（Barzel，1997：3-6）。

（二）中文参考文献格式示例

曹正汉，2008，《产权的社会建构逻辑——从博弈论的观点评中国社会学家的产权研究》，《社会学研究》第 1 期，第 200～216 页。

朱晓阳，2008，《面向"法律的语言混乱"》，中央民族大学出版社。

詹姆斯·科尔曼,1990,《社会理论的基础》,邓方译,社会科学文献出版社。

阿尔多·贝特鲁奇,2001,《罗马自起源到共和末期的土地法制概览》,载徐国栋主编《罗马法与现代民法》(第2卷),中国法制出版社。

(三)英文参考文献格式示例

North, D. and Robert Thomas. 1971. "The Rise and Fall of the Manorial System: A Theoretical Model. " *The Journal of Economic History*, 31 (4), 777 – 803.

Coase, R. 1988. *The Firm, the Market, and the Law*. Chicago: Chicago University Press.

Nee, V. and Sijin Su. 1996. "Institutions, Social Ties, and Commitment in China's Corporatist Transformation. " In McMillan J. and B. Naughton (eds.), *Reforming Asian Socialism: The Growth of Market Institutions*. Ann Arbor: The University of Michigan Press.

六、《中国第三部门研究》联系地址方式

上海市徐汇区华山路1954号

上海交通大学徐汇校区机械楼202室

上海交通大学中国公益发展研究院

上海交通大学第三部门研究中心

邮　编:200030　　　电　话:021 – 62932258

联系人:程坤鹏　　　手　机:13248192534

致　谢

　　周俊（华东师范大学）、章晓懿（上海交通大学）、张冉（华东师范大学）、金锦萍（北京大学）为《中国第三部门研究》第13卷进行匿名评审，对他们辛勤、负责的工作表示衷心的感谢！

CHINA THIRD SECTOR RESEARCH
Vol. 14 (2017)

Table of Contents & Abstracts

ARTICLES

International Comparison of Development Level in China's Nonprofit Sector   *Zhang Yuanfeng Zhang Huifeng* / 3

Abstract: Since 1970s, nonprofit organizations are rising all over the world. The nonprofit sector has formed in the most of the developed countries. However, nonprofit sector does notplay a major role in these countries comparing with government and market issues. The Johns Hopkins International Comparative Project on Nonprofit Sector (ICPNS) has made great efforts to map a "global civil society" of more than forty countries since 1993. However, China is not on this map. The purpose of this article is to add the China's nonprofit sector on this map. We also compares the development level of the nonprofit sector in China with other three types of countries' nonprofit sector regarding the contributions to employment and GDP, sources of revenues, and the main fields of activities. The final part offers an explanation to the findings.

Key words: nonprofit sector; social organizations; international comparative study

Social Impact Investment: A Tool for Social Innovation

Liu Lei   Chen Shen / 21

Abstract: *"Social Impact Investment"* is a new toolfor social innovation, which is based ontheblended value theory, the social enterprise's triangular relationship concept and the cooperative governance theory, has the characteristics of linking business and social values and can be used to solve social problems efficiently. Its operational logic is using commercial means to assume social functions and promote social governance through the way of multi-cooperation. From literature research, combining with the realityofthe development of China's social transformation, it could be found that in the context of social problems are increasingly complex and the demand for social innovation isgrowing, social impact investment may push cooperative governance ideas and effective mutual promotion mechanism that would have a strong adaptability and inspiration in terms of social governance and social innovation. Therefore, in order to support the healthy development of social impact investment which is still in the budding period in China, it is necessary that the government uses the policy model to guide the transformation of the market thinking paradigm of our country, the multivariate subjects work together to build a good influence on investing in ecosystems and the intermediary institutions attempt to improve the embedded evaluation mechanism for evaluating social impact. Then, finally, it would help social impact investment to play the important role under the logic of China's social innovation.

Keywords: social impact investment; social innovation; social governance

Fair Trade Social Enterprise: Development Course, Multi-Features and Governance Logic

Li Jian   Guo Jingyuan / 42

Abstract: As the trade sectors that connect the producer and the consumer, fair trade social enterprise not only constitutes an important type of social enterprise, but also plays a significant role in fair trade. On the basis of backtrack of "four wave" in fair trade development history, we define the conception of fair trade social enterprise, explore multiple features from the economic, social and political dimensions, as well as the governance logic under different priority of the fair trade social enterprises. As part of social innovation, even though fair trade social enterprises comes from Europe, the positive effectiveness in China's external trade, internal poverty-alleviation and trade advocate is still not diminished.

Key words: fair trade social enterprise; development course; multiple features; governance logic

Analysis of Community Embedded Development Route of Charity Shop in China
Yang Yongjiao   Zhang Yunjie / 60

Abstract: Activating social organization and innovating social governance are parts of the major themes policy during Comprehensively Deepening Reforms. To find a way out of development dilemma for charity shop in China, the theory of embeddedness suggests that charity shops enhance capacity in absorbing and incorporating resources from community and strengthen embeddedness in community. It is based upon the dualistic-intergrowth relationship between charity shop and community. The shops, both coming from Western societies and domestic charity in China have successful experiences of structural embeddedness, cognitive embeddedness, and cultural embeddedness in community. Charity shops in China should also explore how to enhance environmental embeddedness, inter-organizational embeddedness and dyadic embeddedness in community, as well as to construct community. It will improve the modernization of charity shops development in China and optimize social governance and community governance.

Keywords: embeddedness; charity shop; community; organization; governance

The Modified Project System as Platforms for Collaborative Governance: A Case Studies of the Public Service Projects in Shanghai City
Zhang Zhenyang   Hu Zhenji / 85

Abstract: The project system has become a new governance mechanism in China and been diffused in public services. This paper mainly examines the modified project system in Shanghai cities based on the practice in China from the perspective of collaboration between the state and society. This paper develops a two-dimensional analysis framework of professionalization and openness in which "targeted projects", "open projects", "micro projects" and "sharing projects" are categorized as four basic types. Then, the author chooses several cases related in government procurement, innovative bidding, community micro projects and community public service complex in order to connect to previor theoretical studies and three core mechanisms, including separation, professionalization and bi-lateral cooperation. This paper displays that the contributions of four types projects to the revision of the project system by forming collaborations between the state and society through attracting social participation. Finally, the paper argues that the modified project system could be built into a platform for collaborative governance between the state and society. The key is its institutionalization.

Key words: the project system; targeted project; open project; micro project; sharing project

BOOK REVIEW

The Embryo and Future of the New Frontiers of Philanthropy——Review of Leverage for Good: An Introduction to The New Frontiers of

Philanthropy and Social Investment　　　　*Ye Tuo　Zhou Ting* / 117

INTERVIEWS

Lucid Waters and Lush Mountains are Invaluable Assets: The Growth and Governance of Environmental NGO

Ma Chaofeng　Xue Meiqin / 133

Cultivation of Local Culture Strength and Enhancement of Community Development: A Interview with the founder of Chengdu Aiyouxi Community Cultural Development Center　　　　*Liang Jiaen* / 144

How to Keep a Dream Alive? A Visit to Liu Chaochang, the Former Chinese Convener of Lingnan University Dragon Boat Team

Wan Fang / 155

INTRODUCTION OF RESEARCH INSTITUTION OVERSEAS

The Experience of Public Service Outsourcing Risk Management in the Unite State and its Enlightenment　　　　*Wu Lei* / 163

图书在版编目(CIP)数据

中国第三部门研究.第14卷/徐家良主编.--北京：社会科学文献出版社，2017.12
 ISBN 978-7-5201-1984-9

Ⅰ.①中… Ⅱ.①徐… Ⅲ.①社会团体-研究-中国 Ⅳ.①C232

中国版本图书馆CIP数据核字（2017）第314552号

中国第三部门研究　第14卷

主　　编 / 徐家良

出 版 人 / 谢寿光
项目统筹 / 杨桂凤
责任编辑 / 胡庆英

出　　版 / 社会科学文献出版社・社会学编辑部（010）59367159
　　　　　　地址：北京市北三环中路甲29号院华龙大厦　邮编：100029
　　　　　　网址：www.ssap.com.cn
发　　行 / 市场营销中心（010）59367081　59367018
印　　装 / 三河市尚艺印装有限公司

规　　格 / 开　本：787mm×1092mm　1/16
　　　　　　印　张：12.75　字　数：177千字
版　　次 / 2017年12月第1版　2017年12月第1次印刷
书　　号 / ISBN 978-7-5201-1984-9
定　　价 / 49.00元

本书如有印装质量问题，请与读者服务中心（010-59367028）联系

▲ 版权所有 翻印必究